Küchen der Welt

TÜRKEI

Funda Engin

Originalrezepte und Interessantes
über Land und Leute
Rezeptfotos: Michael Brauner

PARK
KAHVESI

Bulgarien
Schwarzes
Meer
Georgien
riechenland
Istanbul
Marmara-
meer
Thrakien und
Marmaragebiet
Schwarzmeerküste
Trabzon
Armenien
Ankara
Ägäisches
Meer
Mittelanatolien
Ostanatolien
Van
Iran
Ägäisküste
Izmir
Konya
Südostanatolien
Marmaris
Adana
Antalya
Mittelmeerküste
Irak
Syrien
N
Mittelmeer
Zypern
0
200 km

INHALT

TÜRKEI: ERLEBEN UND GENIESSEN

Durch Istanbul zu bummeln, ohne hier und da etwas zu probieren und zu naschen, ist fast unmöglich. Aus den kleinen Köfte-Lokalen bei der Sultan-Ahmet-Moschee duftet es verführerisch nach gegrillten Hackfleischröllchen. Von den Booten am Goldenen Horn weht der Duft von gebratenen Fischen. Am Kai verkaufen Straßenhändler gebackene Sardinen zwischen knusprigem Brot. Kleine Stände bieten würziges Lahmacun an, die türkische Version der Pizza. Im nahen Ägyptischen Basar türmen sich Gemüse, Früchte, Fisch, Käse und Oliven zu verlockenden Arrangements. Aufgeschüttet zu kleinen Hügeln, leuchten Gewürze, getrocknete Küchenkräuter und verschiedene Teesorten in satten Farbtönen. Hier präsentiert sich die ganze Türkei als farbenfrohes kulinarisches Mosaik. So wird ein Bummel durch Istanbul zum idealen Einstieg in die Küche, die Eßkultur dieses gastfreundlichen Landes. Wenn man in einem der zahlreichen Spezialitätenrestaurants einen bunt gemischten Vorspeisenteller bestellt mit den berühmten Meze, oder eines der typischen Regionengerichte versucht, versteht man vollends, warum die türkische Küche zu den besten der Welt zählt. Viele Kulturen und Völker haben im Laufe der Geschichte die Küche der Türkei zu dem gemacht, was sie heute ist. Die Anfänge liegen in grauer Vorzeit, als vor etwa 8000 Jahren eine der ersten städtischen Siedlungen in Çatal Höyük, in Mittelanatolien, entstand.

In den folgenden Jahrtausenden drangen immer wieder fremde Eroberer in das Land ein und brachten ihre heimischen Küchentraditionen mit. Exotische Gewürze und unbekannte Zutaten bereicherten nun die Spezialitäten des Landes. Zusätzlich entwickelte sich neben der einfacheren Küche der Bauern und Hirten in Istanbul die raffinierte Kochkunst der Sultanserails. Doch nicht nur die Geschichte hat in türkischen Kochtöpfen »mitgemischt«, auch die Güte und Vielfalt der landwirtschaftlichen Produkte haben die türkische Küche reich und üppig gemacht. Noch heute ist die Türkei ein Agrarland, und nicht nur die Baumwolle und der Tabak, sondern auch die Früchte und Gemüse bilden einen dicken Aktivposten in der Außenhandelsbilanz des Landes. Überall in der Welt, wo sich türkische Händler niedergelassen haben, sind ihre Läden gute Adressen für ganz frisches Gemüse. Selbst fern der Heimat vermittelt die Freundlichkeit des schnauzbärtigen Händlers etwas von der Lebensart, der orientalischen Gelassenheit und Liebenswürdigkeit der Türken. Symbol ihrer herzlichen Gastfreundschaft ist das kleine tulpenförmige Glas mit dunklem Tee, mit dem der Gast oder Kunde jederzeit bewirtet wird. Auf dem Land reicht man statt heißem Tee auch gerne einmal ein Glas gekühlten Ayran oder eine Frucht als Erfrischung. Wer einen Hauch jener Lebensart mit nach Hause nimmt oder bei seinen türkischen Freunden genießt, wird mit besonderem Spaß die Reise durch dieses Buch antreten. Das erste Kapitel berichtet Wissenswertes über das Land und seine Menschen, ihre Traditionen, Feste und Getränke. Die folgenden Rezeptkapitel sind nach der türkischen Speisenfolge aufgebaut und enthalten nur Originalrezepte. Alles gelingt ganz leicht mit den praktischen Schritt-für-Schritt-Beschreibungen. Informationen, Tips, Varianten und bebilderte Kurzreportagen zu wichtigen Produkten ergänzen die Rezepte. Typische Menüzusammenstellungen helfen Ihnen dabei, sich und ihre Gäste original türkisch zu bewirten. Ein Glossar am Ende des Buches erklärt wichtige Begriffe, das Rezept- und Sachregister hilft beim Auffinden der Rezepte. So können Sie auch zu Hause die Düfte des Orients durch Ihre Küche ziehen lassen und die Spezialitäten dieses liebenswerten Landes genießen!

LAND & LEUTE LADEN EIN...

Die Türkei umfaßt eine Fläche von 779 452 Quadratkilometern. 97 Prozent des Landes liegen auf einer riesigen Halbinsel, die umschlossen ist vom Schwarzen Meer, vom Marmarameer, vom Ägäischen Meer und dem Mittelmeer. Sie wird als Kleinasien oder Anatolien bezeichnet und zählt, geographisch gesehen, zu Asien. Ein kleiner Teil der Türkei, 3 Prozent, gehört zu Europa, und die Zwölfmillionen-Stadt Istanbul ist die einzige Stadt der Welt, die auf zwei Kontinenten liegt. Die Türkei besitzt kontrastreiche Klimazonen, die das Leben, die Landwirtschaft und die Küche prägen. Subtropische Temperaturen und eine üppige Vegetation beherrschen den Bereich der Küsten des Ägäischen und des Mittelmeeres. Heiße Sommer wechseln dort mit milden Wintern. Unter dem Einfluß des Kontinentalklimas liegen Mittelanatolien, Südost- und Ostanatolien mit langen Hitze- und Kälteperioden, die das Land im Sommer ausdörren und – in Ostanatolien – weit bis in das Frühjahr mit Schnee bedecken. An den Ufern des Schwarzen Meeres regnet es häufig, und die Gebirgshänge verlieren nie ihr saftiges Grün. In all diesen verschiedenen Landschaftstypen gedeihen natürlich auch unterschiedliche Agrarprodukte, die Grundlage für eine abwechslungsreiche Küche. Diese besitzt eine lange Tradition.

Die Anfänge der anatolischen Kochkultur fanden sich unter den Schutthügeln der über 8000 Jahre alten städtischen Siedlung Çatal Höyük mit Hinweisen auf eine hochentwickelte Haustierhaltung und Landwirtschaft. Die nachfolgende Geschichte des Landes ist geprägt von vielen Völkern und Kulturen. Einige hinterließen deutliche Spuren in der türkischen Küche. So gehen auf die Byzantiner wahrscheinlich viele der herzhaften Gemüse- und Fischgerichte zurück, auf die Armenier im Osten die mit Reis, Rosinen und Nüssen gefüllten Gemüse. Turkstämme aus den Steppen Innerasiens, die eigentlichen Vorfahren der heutigen Türken, steuerten vor allem die Kebap-Gerichte, aber auch den Joghurt bei. Die Nachkommen dieser Stämme sind längst seßhaft, trotzdem backen auf dem Land die Frauen ihr Brot noch immer wie zu Nomadenzeiten auf dem nach oben gewölbten Blech über kleinem Feuer. Die Vielseitigkeit der türkischen Küche erklärt sich jedoch nicht nur aus den verschiedenen Einflußsphären, sondern auch daraus, daß auf dem Land anders gekocht wird als in der Stadt, daß die Gerichte der Jahreszeiten und der verschiedenen Regionen zusätzlich Abwechslung bringen. So wird es zum spannenden Erlebnis, Land und Leute der Türkei durch ihre Küche, durch ihre Gerichte kennen und lieben zu lernen.

Istanbul: Durch Kachelschmuck in ihrem Innern wird die Sultan-Ahmet-Moschee auch »Blaue Moschee« genannt.

Thrakien und Marmaragebiet

Sonnenblumen, Wein und Sultansküchen

Die Landschaft innerhalb des Dreiecks entlang den Grenzen Griechenlands und Bulgariens bis Istanbul ist geprägt von Rebflächen, Sonnenblumenfeldern und Weiden. Thrakien, das noch zu Europa gehört, ist das Land der sanften Hügel, die sich in langgezogenen Wellen bis zur Wasserstraße der Dardanellen und dem Marmarameer erstrecken, die natürlichen Grenzen zwischen Europa und Asien.

Als Tor zum Orient war Thrakien zu allen Zeiten von strategischer Bedeutung. Von den Dardanellen aus setzte Alexander der Große erstmals 334 v. Chr. seinen Fuß auf asiatischen Boden. Die Osmanen, das türkische Herrschergeschlecht, eroberten im 13. und 14. Jahrhundert von Thrakien aus den Balkan. Edirne, heute Provinzhauptstadt, avancierte zur glanzvollen Residenz der Sultane und erhielt die prächtige Selimiye-Moschee und die Basargebäude.

In den Gassen ist das traditionelle Handwerk noch lebendig, und in den halboffenen Werkstätten kann man Besenbindern, Gürtlern, die schönes Zaumzeug herstellen, und Schmieden bei der Arbeit zusehen. Berühmt ist Edirne für das Fest der Ölringkämpfer im Juni/Juli. Mit Öl eingeriebene Ringer aus dem ganzen Land kämpfen um den Titel des Meisterringers.

Thrakien gilt als eines der wichtigsten Weinanbaugebiete des Landes. Zentrum ist die Stadt Tekirdağ am Marmarameer. Aus dem gemäßigten Klima dieser Region kommen vor allem trockene, aber auch halbtrockene charaktervolle Rot- und fruchtig-frische Weißweine. Aus einem Teil der Reben wird Rakı gebrannt, ein mit Anis versetzter Schnaps mit einem Alkoholgehalt von 40 bis 54 Vol. %. Diesen trinken die Türken zu einem geselligen

Essen am Abend am liebsten. Sie verdünnen ihn mit Eiswasser, dann färbt er sich milchig.

Palastküche in Istanbul

Istanbul zählt mit seiner raffinierten Küche zu den kulinarischen Highlights einer Türkeireise. In der Metropole, in der während ihrer über 2000jährigen Geschichte häufig die Herrscher wechselten, waren stets die besten Köche des Abend- und Morgenlandes am Werk. Im Mittelpunkt höchster kulinarischer Verfeinerung stand der Topkapı Sarayı, die Palastanlage der Sultane. Mit anderen historischen Bauten wie der Hagia Sophia, der Sultan-Ahmet-Moschee (Blaue Moschee) liegt er auf einer Halbinsel. Im großen Küchentrakt des Palastes wurden die Speisen für den Sultan, die Sultansmutter und den Harem auf kostbarem chinesischem Porzellan angerichtet. Heute gehört diese Sammlung zu den größten und wertvollsten der Welt. Jeder Koch war ein Experte für bestimmte Speisen, für Suppen oder Pasteten, für Fleischgerichte oder Süßspeisen. Dieses Spezialistentum lebt bis heute in der türkischen Küche weiter. Baklava kauft man beim Baklavacı, Kuttelsuppe genießt man beim Işkembeci, beim Börekçi gibt es Teigpastete und beim Muhallebici die köstliche Milchspeise »Angebrannter Topfboden«. Diese traditionellen Läden und Lokale findet man vor allem im Altstadtviertel Aksaray und in den Stadtteilen zwischen Goldenem Horn und Bosporus. Ein Muß für jeden kulinarisch Interessierten ist der Besuch des Ägyptischen Basars, des Mısır Carşısı, an der Galatabrücke und der Blumenpassage Çiçek Pasajı an der Istiklal Caddesi im Stadtteil Pera. Diese beiden Märkte versorgen Istanbul mit Gemüse, Früchten, Fisch, Fleisch, Käse, Oliven, Nüssen und regionalen Spezialitäten. Restaurants, die in feiner osmanischer Tradition kochen, sind das »Pandeli« im Marktgebäude des Ägyptischen Basars und, in der Nähe, das »Darüzziyafe« an der Süleymaniye-Moschee, der schönsten Istanbuls. Bis zum Kapalıçarşı, dem gedeckten Basar, ist es nur ein Katzensprung.

Fruchtbares Marmaragebiet

Die kleinasiatische Seite des Marmarameeres mit den Städten Bursa und Iznik steuert zum kulinarischen Angebot Früchte, Gemüse und Wein bei. Das Umland von Bursa ist für Pfirsiche, Kartoffeln und Zwiebeln berühmt. Leckere Mitbringsel sind kandierte Edelkastanien und Konfitüren. Die Osmanen ernannten Bursa 1326 zu ihrer ersten Hauptstadt vor Edirne und Istanbul, das erst 1453 in ihre Hände fiel. Zeugen einer glanz-

Lebhaft geht es in den Ladenpassagen im Ägyptischen Basar an der Galatabrücke zu.

Kozan Han, der Seidenkokonmarkt von Bursa, versorgt die Knüpfwerkstätten der Seidenteppiche mit dem kostbaren Material.

Tabakblätter werden zum Trocknen aufgezogen.

vollen Zeit sind in Bursa die Große Moschee, Ulu Cami, die Grüne Moschee, Yeşil Cami, und die Grabmäler der Sultansfamilie. Heute ist Bursa ein Wirtschaftszentrum, außerdem durch seine Thermalquellen als Kur- und durch die Nähe des Berges Ulu Dağ als Wintersportort bekannt. Von den Seidenraupenzüchtern in der Umgebung beziehen die Knüpfwerkstätten von Hereke und Istanbul das Material für die kostbaren Seidenteppiche.

Iznik, das alte Nicäa, liegt in einem römischen Mauerring mit der byzantinischen Kirche Hagia Sophia im Mittelpunkt.

Handgeknüpfte Bergama-Teppiche eignen sich als dekorative Mitbringsel.

Ägäisküste und Hinterland

Oliven und antike Schätze

An der ägäischen Küste wechseln Berge und Ebenen einander ab. Während der Jahrtausende schwemmten Flüsse wie der Kleine und der Große Mäander fruchtbaren Boden in ihre Mündungsgebiete. So versandeten die Häfen berühmter Handelsstädte der Antike wie Ephesus und Milet und verarmten. Den nachfolgenden Generationen gedieh die angeschwemmte Erde zum Segen. Baumwolle, Tabak, Wein und Gemüse tragen heute mit zum Wohlstand der Region bei. In der Sonne silbrig glänzende Olivenbäume überziehen Hügel und Berghänge. Sie bilden einen reizvollen Kontrast zur rost- und ockerfarbenen Erde. Zwei Drittel des Olivenölbedarfs des Landes werden an der Nordägäis produziert und ein Großteil der Früchte auf pikante Art eingelegt. Die mit Olivenöl gegarten Gemüsegerichte werden hier besonders geschätzt, und die türkischen Frühstückstische erhalten aus dieser Region ihre schwarzen Oliven.

Zahlreiche Ruinenstätten aus antiker Zeit erinnern an die bewegte Vergangenheit der Küste, wie die sagenumwobene Stadt Troja an der Mündung der Dardanellen in das Ägäische Meer, von der Homer in seinem Epos, der »Ilias«, erzählt. Berühmt war auch die Stadt Pergamon, die in hellenistischer Zeit ein bedeutendes Heiligtum und eine der größten Bibliotheken der Alten Welt besaß. Ihr mächtiger Burgberg überragt das Städtchen Bergama und beschäftigt immer noch die Archäologen. Montags, am Markttag, bringen die bunt bemalten Pferdekarren der Bauern Leben in die Straßen. Ende Mai bis Anfang Juni findet die internationale Bergama-Kirmes statt mit Musik, Folklore, Theater und Ausstellungen. Eine ständige Attraktion und Verlockung sind die berühmten Bergama-Teppiche, die überall angeboten werden.

Das neue und das alte Izmir

Güzel Izmir, schönes Izmir, nennen die Türken ihre drittgrößte Stadt. Mit fast drei Millionen Einwohnern und einem ständigen Zuwandererstrom aus Südost- und Ostanatolien platzt heute das antike Smyrna aus allen Nähten.

So leidet die »Schöne« stark unter der Umweltbelastung. Davon freilich ist am Kordon, am Prachtboulevard mit Königspalmen, Marmorvillen, repräsentativen Büro- und Bankgebäuden, Designershops, Bars und Nobelrestaurants, kaum etwas zu spüren. Die wartenden Pferdedroschken vermitteln einen Hauch von Nostalgie und levantinischer Gelassenheit. So auch die Altstadtgassen unterhalb der Kadifekale, der Samtburg. Hier tönt Hämmern aus Schusterwerkstätten, ziehen Männer in den Teestuben träge an Wasserpfeifen, klappern Spielsteine auf Tavla-Brettern. Im nahen Basar von Kemeraltı preisen die Fischverkäufer den Fang der letzten Nacht an, Kräuterhändler empfehlen ihre Wundermittel, Frauen verkaufen schön bedruckte Tücher. In den Fenstern der Juweliere glitzern Goldreifen, die von der Landbevölkerung gerne als wertbeständigste Geldanlage erworben werden.
Die besten Feigen der Türkei kommen aus dem weiteren Umkreis von Izmir und sind in der ganzen Welt berühmt. Ein lokales Ereignis ist in der nahen Stadt Manisa mit prächtigen Moscheen das Mesir-Fest, das nach dem islamischen Kalender jedes Jahr zu einem anderen Termin mit einer Art Landwirtschaftsmesse und folkloristischen Darbietungen gefeiert wird.

Inselwelt und Märchenburg

Die Küste der Nord- und Südägäis besitzt eine Reihe beliebter Ferienziele wie Çandarlı, Foça, Çeşme, Kuşadası und Bodrum, allesamt gewachsene

Die Kalksteinterrassen von Pamukkale lohnen einen Ausflug ins Hinterland.

Der Hafen von Bodrum ist ein beliebter Ankerplatz für Segelyachten.

Touristenattraktion bei Fethiye: Dieser Traumstrand liegt in der Lagune von Ölüdeniz.

Ortschaften inklusive malerischer Burgruinen und den Badestränden nahebei. Unterhalb seiner Kreuzritterburg, vor den Kulissen der weißen kubischen Häuser im Mittelmeerstil, schwanken die Masten der Segelyachten im Hafen von Bodrum.
Hier beginnt die »Blaue Reise«, der Segeltörn entlang Buchten und Inseln zwischen Bodrum und Marmaris. Geankert wird da, wo es gefällt, und der Kapitän erweist sich meist als exzellenter Küchenchef. Per Bus sind die Kalksteinterrassen von Pamukkale im Hinterland bei Denizli zu erreichen. Kalkablagerungen schufen am Berghang eine phantastische Märchenburg wie aus gebauschter weißer Baumwolle. Der Kalk bildete hier auch kleine runde Becken, in denen sich das mineralhaltige Wasser sammelt und es sich herrlich planschen läßt.
Die Ruinen von Hieropolis erinnern daran, daß schon die Römer hierher zur Kur kamen. In unseren Tagen ist die Therme Museum, und in der Arena des Amphitheaters wirbeln keine Gladiatoren, sondern nur noch Touristenfüße Staub auf.

Mittelmeerküste

Taurusgipfel und blaue Buchten

Wie der Zeigefinger einer Hand erstreckt sich die Halbinsel Datça lang und schmal ins Meer, mit der von Griechen gegründeten antiken Stadt Knidos an der Spitze, Zentrum eines Aphrodite-Kults. Das Gebiet um Datça ist ein Paradies für Segler und Taucher. Die meisten Segelyachten starten von Marmaris aus, das malerisch unterhalb einer osmanischen Burgruine an einer Bucht liegt und vom Tourismus lebt.
Zu den Attraktionen der Region gehört das Naturschutzgebiet Dalyan bei Dalaman mit einem Labyrinth aus Schilfinseln und Wasserstraßen, den Resten der karischen Stadt Kaunos und lykischen Felsengräbern hoch über dem

Wasser. Seltene Pflanzen- und Tierarten sind in diesem Naturschutzgebiet beheimatet.
Die Bergketten des Taurus beherrschen einen großen Teil der Mittelmeerküste. Über weite Strecken fallen sie steil ins Meer ab. Hier schlängelt sich die Straße in gewagten Kurven entlang der Abhänge. So eröffnen sich immer neue Ausblicke von atemberaubender Schönheit. Das Grün der Pinien unterstreicht effektvoll das Blau der Buchten und Lagunen. Zu den schönsten gehört die von Ölüdeniz bei Fethiye. Das Städtchen liegt auf einer fruchtbaren Ebene, auf der vor allem Gemüse, Tabak, Tafeltrauben und Baumwolle geerntet werden. Wasser liefern die Flüsse aus den bis zu 3000 m hohen Bergen. In den Lichtungen der Pinienwälder stehen auf den Hängen blaue Kistchen mit eifrig Honig sammelnden Bienen. Die Imkergenossenschaft in Fethiye bietet ausgezeichneten Thymian- und Waldhonig an.

Antike Spuren bei Antalya

Die Küste ist reich an antiken Bauresten, Zeugen der einst hier ansässigen Völker: Karer, Lykier, Psidier und Solymer. Sie schufen Stadtanlagen im hellenistischen Stil. Jahrhunderte später entstanden byzantinische Kirchen und prächtige Bauten türkischer Herrschergeschlechter. Zu den sehenswertesten Orten zählen Xanthos, Antiphellos, das heutige Kaş, Myra, die Wirkungsstätte des heiligen Nikolaus. Touristischer Mittelpunkt und größte Stadt an der Südküste ist Antalya. Stolz erhebt sich die restaurierte Altstadt auf einem Felsplateau über dem Meer mit ihrem Wahrzeichen, dem geriffelten Minarett aus seldschukischer Zeit. Als Zugang dient noch immer ein römisches Stadttor, das Kaiser Hadrian zu Ehren erbaut wurde. Ein weiteres Schmuckstück ist der Hafen unterhalb der Altstadtmauern mit Feinschmecker-Restaurants. Fischspezialitäten, z.B. Schwertfischspieße und Seebarsch im Päckchen gegart, schmecken hier unvergleichlich frisch. Gediegene Alltagskost offerieren die Lokale am Basar: Bohnensalat mit Sesamsauce oder Fleischspießchen vom Grill.
Als kulinarische Mitbringsel aus Antalya bieten sich Konfitüren aus Feigen, Auberginen, Rosenblättern und Quitten an.

Türkische Riviera

Die Region zwischen Antalya und Alanya wird auch als Türkische Riviera bezeichnet, und die kilometerlangen Sandstrände, die Buchten, die Hotel- und Ferienclubanlagen z.B. bei Kemer, bei Belek, beim Ort Side mit Bauten aus der Antike, bei Incekum und zu beiden Seiten des Burgberges von Alanya sind gefragt. Das subtropische Klima lockt zu allen Jahreszeiten Gäste an. Hinter Alanya wachsen sogar Bananen auf kleinen Terrassen über dem Meer, schmücken sich die Dattelpalmen im Herbst mit ihren leuchtend roten Rispen, an denen die Früchte reifen. Stattliche Burgen säumen die Küste hinter Alanya. Die imposanteste liegt bei Anamur. Ausflüge ins gebirgige Hinterland führen zu urwüchsigen Dörfern, zu kühlen Hochebenen, den Yaylas, auf die Hirtenfamilien mit ihren Herden vor der Sommerhitze flüchten und ihre braunen Ziegenhaarzelte aufschlagen. Hinter der Stadt Mersin öffnet sich die große Çukurova-Ebene mit dem Landwirtschafts- und

Die lykischen Felsengräber hoch über dem Wasser sind bei einer Bootsfahrt durch das Naturschutzgebiet von Dalyan zu bewundern.

Unentbehrlich in der türkischen Spezialitäten-Küche: Peperoni geben den Speisen Würze.

Im Tal von Göreme: Wind und Wasser formten die bizarren Feenkamine in Kappadokien.

Industriezentrum Adana. Im Sommer steigen hier die Temperaturen auf über 40°. Angebaut werden Baumwolle, Zitrusfrüchte und die kleinen scharfen Peperoni, die das Adana-Kebap so feurig machen.

Mittelanatolien

Feenkamine und Knoblauchduft

Topfgucker spielen ist in der Türkei immer interessant, doch besonders spannend im Museum. Da finden sich in über 8000 Jahre alten Tongefäßen winzige Getreidereste, Emmer, Einkorn, Gerste und Weizen, die Repräsentanten einer frühen Eßkultur. Dem britischen Archäologen James Mellaart gelang 1958 in Mittelanatolien, südöstlich der Stadt Konya, die Entdeckung von Çatal Höyük, eine der ältesten städtischen Siedlungen der Menschheit. Zu seinen Funden zählten u.a. 14 verschiedene kultivierte Pflanzenarten, darunter Erbsen und Bohnen, sowie Küchengeräte und sogar Eierbecher.
Mittelanatolien war zu allen Zeiten Treffpunkt der Völker, der Assyrer, Hethiter, Phryger, Griechen, Römer und Seldschuken, die als erstes Turkvolk hier seßhaft wurden. Die Heimat vieler Turkvölker ist Zentralasien. Auf der Suche nach neuen Weideplätzen oder aus dem Trieb nach Eroberung wanderten während der Jahrhunderte immer wieder kleinere Klans oder größere Volksgruppen, wie die Hunnen, westwärts. Pferde waren ihr wichtigster Besitz. Aus mehreren dieser Turkstämme und aus den in Kleinasien bereits ansässigen Völkern gingen die heutigen Türken hervor.
Noch immer verlaufen die Fernstraßen auf den vorgezeichneten Linien der alten Handelsrouten, die wie die Seidenstraße Europa mit Asien verbanden. Eine führt von der Küste bei Antalya durch die Berge ins Hochland, vorbei an alten Karawansereien und vorbei auch am Eğirdir- und Beyşehir-See.
Am Rande einer sonnendurchglühten weiten Hochebene Mittelanatoliens, der Kornkammer des Landes, liegt Konya. Die Stadt zählt zu den strenggläubigsten der Türkei. Wer hier eines der typischen Fleischgerichte, z.B. ein Hirtenragout, bestellt, muß auf ein alkoholisches Getränk dazu verzichten. Als die Seldschuken um 1071 hier ankamen, fanden sie bereits eine blühende Stadt, Ikonium, vor, die christliche Byzantiner bewohnten. Die Seldschuken machten Konya zum politischen und geistigen Zentrum ihres Reiches, das sie Rum nannten.
Sie brachten den Islam nach Kleinasien. Sultan Alaeddin Keykubad I. (1219–1236), ein genialer Herrscher, stattete sein Reich und seine Hauptstadt mit großartigen Bauwerken aus, mit Moscheen, Medresen – islamische Hochschulen – und mit Karawansereien. Noch heute werden die kunstvoll gemeißelten Portale und die mit Fayencen reich verzierten Minarette seldschukischer Bauwerke bewundert.
In Konya gründete der Mystiker Mevlâna Celâleddin-i Rûmî zur Zeit des großen Sultans den Orden der Tanzenden Derwische. In der Klosterküche dieses Ordens schaltete und waltete der Meisterkoch Ateş Baz-i-Veli (Hüter des Herdes). Zu seinem Grabmal pilgern noch heute Frauen und nehmen zum Segen für ihre Küche eine Prise Salz mit nach Hause. Das Kloster beherbergt ein Museum. Zum Fest der Tanzenden Derwische vom 14. bis 17.

Dezember zieht die Stadt alljährlich Besucher aus aller Welt an. Im Oktober werden das Fest der Troubadoure und wilde Reiterspiele mit flinken Steppenpferden veranstaltet.

Hauptstadt Ankara und Kappadokien

Mustafa Kemal Atatürk, der Vater der modernen Türkei, machte Ankara 1923 zur Hauptstadt der neu gegründeten Republik. Aus dem verschlafenen Provinzstädtchen in Mittelanatolien entwickelte sich eine moderne Millionenmetropole mit eleganten Boulevards. Das Museum der anatolischen Zivilisationen in Ankara gehört zu den interessantesten des Landes. Es hütet als besondere Schätze die Getreidekörner, die bei Ausgrabungen in Çatal Höyük gefunden wurden. Das Museum birgt vor allem auch Zeugnisse der Hethiter, darunter unzählige Tontäfelchen mit einer Keilschrift, die der sächsische Gelehrte Hugo Winkler Anfang des 20. Jahrhunderts bei Boğazköy 200 km östlich von Ankara bei der hethitischen Hauptstadt Hattuşaş ausgrub und entzifferte. So erfuhr die Nachwelt auch, daß die Hethiter Bier aus Broten brauten und vor allem an Festen tranken. Dieses zugewanderte indogermanische Volk beherrschte zwischen 1700 und 1200 v. Chr. große Teile Anatoliens.

Schneebedeckte Gebirgslandschaft in Mittelanatolien: Der erloschene Vulkan Erciyes Dağı – an seinem Fuß liegt die Stadt Kayseri.

Saisonarbeit auf den Feldern: Anatolische Bäuerinnen pflücken Kichererbsen.

Eines der größten Naturwunder der Türkei liegt im Herzen Mittelanatoliens, in Kappadokien. Vulkane, die höchsten sind der 3253 m hohe Hasan Dağı, und der 3916 m hohe Erciyes Dağı spuckten vor Millionen von Jahren riesige Mengen an Asche, Gesteinsbrocken und Lava über ein großes Gebiet.
Durch Erosion, die Einwirkung von Sonne, Wind und Regen entstanden daraus in versteckten Tälern wunderliche, an Märchenschlösser erinnernde Erdpyramiden, bizarre Tuffkegel, von den Einheimischen Feenkamine genannt.
Kappadokien liegt versteckt, sein Boden ist außerordentlich fruchtbar. So wurde die Landschaft früh zum idealen Zufluchtsort für Verfolgte wie Christen und Einsiedler. Sie gruben in das weiche Tuffgestein Höhlenwohnungen, Kirchen, die sie mit Fresken schmückten, und Klöster. Am Rand des Gebietes entstanden mehrere Stockwerke tiefe unterirdische Städte. Kappadokien verzaubert durch die Schönheit seiner Landschaft und seiner Dörfer, durch freundliche Bewohner. Touristenzentren sind Göreme und Ürgüp. Viele Läden bieten die handgeknüpften Teppiche und gewebten Kelims Mittelanatoliens an. Probieren sollte man den kappadokischen Wein, der im Oktober in Ürgüp beim Weinfestival prämiert wird. Praktische Souvenirs kann man in der nahen Töpferstadt Avanos erstehen: Weinkrüge und Töpfe für das im Ofen gegarte Güveç. Im August findet hier das Kunsthandwerk-Festival statt.
Die Festungsstadt Kayseri liegt am Fuß des erloschenen Vulkans Erciyes Dağı. Römer und Seldschuken hinterließen dort in ihrer Glanzzeit beachtliche Bauwerke. Heute ist die Stadt Teppichzentrum und produziert zudem mit Knoblauch gewürzten Pastırma aus luftgetrockneten Rinderlendenstücken. Wer das Dörrfleisch hier kauft, sollte aufpassen, denn die Leute von Kayseri sind Meister im Feilschen.

Aprikosen aus Kappadokien trocknen in der Sonne.

Südost- und Ostanatolien

Ein Götterberg und heilige Karpfen

Südostanatolien im Grenzgebiet von Syrien und dem Irak erreicht Höchsttemperaturen. Mit über 40° im Schatten zählen schon im Frühsommer die Städte Diyarbakır und Şanlıurfa nahe der Harran-Ebene zu den heißesten der Türkei. Dagegen behalten auf dem 2100 m hohen Nemrut Dağı die Statuen der Götter das ganze Jahr über kühle Köpfe. Um dem Himmel nahe zu sein, ließ sich König Antiochos I. (69–32 v. Chr.) von Kommagene auf dem Gipfel sein Grab aufschütten. Weit schweift der Blick über kahle Gebirgszüge von strenger Schönheit. Das Wasser der Flüsse Euphrat und Tigris sammelt sich in Tälern und füllt riesige Staubecken. Sie sollen das Land, die ausgedörrte,

doch fruchtbare Harran-Ebene, in einen Paradiesgarten verwandeln. Die Stadt Gaziantep nahe der syrischen Grenze liefert die begehrten Pistazien, die in ihrem Umkreis von struppigen Bäumen gepflückt werden. Die Zuckerbäcker bereiten daraus ein köstliches grünes Marzipan und füllen mit den Kernen Gebäck und Hühnerfleisch-Röllchen. Gaziantep ist ein modernes Wirtschaftszentrum mit lebendiger Handwerkstradition. Schöne Messing- und Kupferarbeiten, Ikat-Stoffe für die Volkstrachten und Perlmutt-Einlegearbeiten werden in alten Vierteln gefertigt. Geschichten der Bibel lassen sich bei Şanlıurfa und Harran, am Nordrand der Mesopotamischen Tiefebene, nachempfinden. Abraham und sein Weib Sarah lebten hier, bevor sie nach Kanaan auswanderten. Gläubige pilgern zu seiner Geburtsstätte im Innenhof der Mevlud-Halil-Medrese unterhalb der Zitadelle und füttern in zwei Teichen die heiligen Karpfen, Nachkommen aus Abrahams Zeit, mit Salatblättern und Kichererbsen. Berühmt sind die rassigen Pferde Südostanatoliens. Beim Pferdefestival in Şanlıurfa während der dritten Oktoberwoche werden die temperamentvollen Tiere vorgeführt. Innerhalb der fast vollständig erhaltenen alten Stadtmauer von Diyarbakır wimmelt ein Heer von fliegenden Händlern, von Schuhputzern, entdeckt man Frauen in bunten kurdischen Trachten. Schönen Silberschmuck findet man im Basar und im Sommer an den Obstständen die dicksten Wassermelonen der Türkei.

Ein Serail und Noahs Landeplatz

Die ostanatolischen Winter sind lang und bitterkalt, manche Pässe erst spät im Frühjahr passierbar. Die Natur stellt die Menschen vor harte Herausforderungen. In der von kahlen Bergen geprägten Landschaft besitzen dafür Frühling und Herbst einen besonderen Charme. Blütenteppiche aus kleinen

Das Serail des Ishak Paşa liegt an der Grenze zum Iran.

Rize an der östlichen Schwarzmeerküste ist das Zentrum des Teeanbaus.

Tulpen, Anemonen und Narzissen bedecken nach der Schneeschmelze den Boden. Der Herbst setzt Farbtupfer in die Baumoasen an den Bächen. Im Zentrum Ostanatoliens liegt der Van-See, das größte Binnengewässer der Türkei. Bis auf ein paar Pappeln, Walnuß- und Aprikosenbäume sind die Ufer kahl, und so fallen bei den Ortschaften die meterhohen Pyramiden aus »Nomaden-Briketts« auf. Die Scheiben aus getrocknetem Viehdung dienen der Region als Brennmaterial. Die Reiche der Armenier, Georgier und Seldschuken hinterließen beachtenswerte Spuren: bei Ahlat Türben, runde Grabbauten und kunstvoll gemeißelte Grabsteine; am Südwestufer auf einem Inselchen die Ahtamar-Kirche, ein Juwel armenischer Steinmetzkunst. Die Stadt Van und nahe gelegene Hochtäler profitieren noch vom Bewässerungssystem der Urartäer, die im 9. bis 6. Jahrhundert v. Chr. hier herrschten.
Im Basar von Van trifft man auf schöne ostanatolische Teppiche und Kelims, die mitunter auch einer der seltenen Van-Katzen als Kuschelplatz dienen. Das Besondere an ihnen: Sie besitzen ein blaues und ein grünes Auge. Rinderherden und der Zuckerrübenanbau machten Erzurum wohlhabend. Wuchtige, streng wirkende Bauwerke erinnern an die Seldschukenzeit. Barocke Lebenslust vermittelt dagegen das Serail des Ishak Paşa auf einem Felsplateau nahe der iranischen Grenze bei dem Ort Doğubayazıt. Im 17. Jahrhundert kassierte der Statthalter von den Karawanen saftige Wegzölle und finanzierte damit sein Märchenschloß.
Unbestrittener Star der Region ist der Ararat. Der 5137 m hohe Berg lockt immer wieder Abenteurer und Archäologen an auf der Suche nach dem Landeplatz von Noahs Arche.

Schwarzmeerküste

Hamsi, Tee und Stierkämpfe

Das Schwarze Meer ist ebenso türkisblau wie das Mittelmeer und die Ägäis, und an seiner 1200 km langen türkischen Küste liegen kleine Traumstrände, auf die der Tourismus erst zaghaft seinen Fuß setzt. Zwar gibt der Sommer hier ein kürzeres Gastspiel als im Westen oder Süden, hin und wieder überrascht auch ein Regenschauer, doch dafür schimmern die Berghänge in den schönsten Grünschattierungen. Sie bilden die Kulisse für die malerischen Fachwerkhäuser der Region, stattliche Bauten mit hohen Fenstern und Portalen, Erkern und Gesimsen mit filigranen Holzarbeiten. Vorratsspeicher stehen luftig auf Stelzen. Durch ihre Gatter leuchtet das Gelb der Maiskolben, die nicht nur den Enten und Gänsen als Futter dienen. Aus Maismehl wird hier ein leckeres Brot gebacken. Am Schwarzen Meer pflegt man eine eigenständige Küche. Eine lokale Spezialität ist der Hamsi, ein silbriger Fisch in Sardinengröße. In den Fangmonaten November bis Februar kommt

der Lieblingsfisch in unzähligen Variationen auf den Tisch. Als zweiter Leckerbissen gilt der Steinbutt, der in Scheiben geschnitten fritiert wird. Viele Bewohner gehören zu den Lazen, einer wahrscheinlich aus dem Kaukasus stammenden Minderheit. Ihre Trachten, ihre Musik und die temperamentvollen Tänze der Männer sind einzigartig.
Zu den Haupteinnahmequellen der Küste zählen Haselnüsse. Für Europa wurde die Türkei zum wichtigsten Nußlieferanten. Das Hauptanbaugebiet, die Haselnußriviera, liegt bei Ordu. Zwischen dem 19. und 22. September wird ein Haselnuß-Festival mit viel Folklore gefeiert. Ganz im Osten der Küste, bei Rize, breiten sich auf Terrassen die Teeplantagen aus, die die gesamte Türkei mit ihrem Lieblingsgetränk, schwarzem Tee, versorgen. Frauen sammeln die Blätter dafür ab Mai in riesigen Kiepen.
Die Städte und Dörfer entlang der Küste finden nur wenig Platz, sich auszudehnen, denn die Ausläufer des Pontischen und des Kaçkar-Gebirges drängen bis dicht ans Ufer. Amasra im Westen mit einer historischen Altstadt auf einer Halbinsel wurde, wie auch die Städte Sinop, Samsun, Giresun und Trabzon an der östlichen Schwarzmeerküste, im 6. bis 5. Jahrhundert v. Chr. von Griechen als Handelsniederlassung gegründet. Sie besitzen Bauten verschiedener Epochen, übersichtliche Stadtkerne mit schmalen Gassen. In Trabzon entdeckt man noch zahlreiche Kirchen und Klöster aus byzantinischer Zeit. Die schönste Stadt der Küste ist gleichzeitig Ausgangspunkt für Ausflüge ins Hinterland, zum Sumela-Kloster im Gebirge, das durch seine einmalige Lage und seine Fresken berühmt wurde.

Im Juli und August finden im Bergland Almfeste statt. Besonders lebhaft geht es beim Çamlı-Hemşin-Ayder-Festival am 29./30. August mit Stierkämpfen und Folklore zu. Originelle Mitbringsel aus Trabzon sind Silberschmuck, Kupfersachen, Flecht- und Holzarbeiten sowie folkloristische Stoffe.

Heimat der besten Köche

Im westlichen Hinterland genießen die Städte Bolu und Mengen seit osmanischer Zeit fast legendären Ruf als Heimat der besten Köche. Jedes Jahr werden Kochwettbewerbe veranstaltet. Laubwälder und sieben malerische Seen gehören zum Yedigöller Milli Parkı nahe Bolu, einem von insgesamt 19 Naturparks in den verschiedenen Landesteilen. Sie dienen dem Schutz bedrohter Pflanzen- und Tierarten, jedoch auch dem Picknickvergnügen. Einige Kilometer hinter der Küste liegen zwei der besterhaltenen Städte im alttürkischen Baustil: Safranbolu und Kastamonu. Beide stehen unter Denkmalschutz. Die meisten der

Ein alltägliches Bild im Hinterland: Frauen lassen in fast jeder freien Minute die Handspindeln tanzen.

An Land haben die Fischer der Schwarzmeerküste Haufen von Netzen auszubessern.

Ein junger Straßenverkäufer bietet Kıymalı pide, ein Hefegebäck mit Hackfleisch, an.

stattlichen Fachwerkvillen mit ziegelgedeckten Walmdächern stammen aus dem 18. und 19. Jahrhundert. Wer eines dieser Häuser besucht, staunt über den Komfort und ihre kultivierte Zweckmäßigkeit. Sie besitzen einen kühlen Sommer- und einen wind- und kältegeschützten Winterwohnbereich. Im schönsten Zimmer, dem Selamlık, empfängt der Hausherr Gäste. Das Familienleben spielt sich im Harem ab, dem Reich der Frau. Die Böden sind mit Teppichen und Kelims belegt. Man betritt sie immer ohne Schuhe. Auch europäische Besucher fühlen sich in einem solchen Haus auf Anhieb heimisch. In einer Gasse kann man in Safranbolu einem Boncukçu bei der Arbeit zusehen. Aus blauem Glas fertigt er Teufelsaugen, die als Abwehrzauber in jedes türkische Haus und Auto gehören. Kleinen Kindern heftet man sie an das Jäckchen, damit sie der böse Blick nicht trifft.

Sehenswert ist außerdem Amasya am Fluß Yeşilırmak, eine Gründung der Amazonenkönigin Amasis, mit Königsgräbern in einer Felswand. Aus Amasya kommen besonders wohlschmeckende Äpfel. Türkisches Leben in Reinkultur spielt sich in der Altstadt von Tokat ab. Stoffdrucker, Hufschmiede und Sattelmacher werkeln in kleinen Werkstätten. Bunt bemalte Pferdekarren holpern über Kopfsteinpflaster. In der alten Handelsmetropole überdauerten 20 Karawansereien die Zeit.

Fasten und Feiern

Eine der wichtigsten Zeitphasen in einem islamisch geprägten Land wie der Türkei ist der Fastenmonat Ramadan. Der Termin richtet sich nach dem Mondkalender und fällt deshalb immer auf ein anderes Datum. Die 30tägige Fastenzeit betrachten heute viele als eine Zeit der Selbstbesinnung. Gefastet wird allerdings nur während des Tages. Für die nächtliche Fastenpause wird ein besonders reichhaltiges Essen aus mehreren Gängen vorbereitet, nicht selten gestaltet sich das Menü zum gesellschaftlichen Ereignis, an dem Freunde und Nachbarn teilnehmen. Im Şeker bayramı, dem Zuckerfest, findet der Ramadan seinen Abschluß. Kinder und Erwachsene freuen sich auf süße Geschenke.

Ebenbürtig im Festkalender der Türken ist das Kurban bayramı, das Opferfest. Banken und Büros, Geschäfte und Werkstätten schließen für mehrere Tage. Alle flüchten aus der Stadt an die Küsten, zumindest zum Picknick ins Grüne. Gefeiert wird dieses Fest im Gedenken an das Opfer Abrahams zu ebenfalls wechselnden Terminen. Traditionsgemäß gehört dazu ein Opfertier, meist ein Lamm. Ärmere Familien belassen es bei einem Hühnchen.

Fährt eine Autokarawane laut hupend durch den Ort, weiß jeder, daß ein Beschneidungsfest beginnt. Im Dorf wird das Spektakel noch häufig mit einem Umritt und einer musizierenden Zigeunertruppe veranstaltet. Die Jungen sind prächtig in Phantasieuniformen gekleidet. Die Sünnet düğünü, wörtlich übersetzt Beschneidungshochzeit, befördert die Jungen im Alter zwischen 5 und 11 Jahren durch einen kleinen Schnitt in die Welt der Erwachsenen. Eine Beschneidung wird, wie auch eine Hochzeit, immer mit vielen Gästen gefeiert. Hochzeitssuppe und Hochzeitsreis sind typische Gerichte zu diesen Anlässen.

Tee, Kaffee, Wein und Rakı

Fest im Garten des Topkapı Serail wie zu Sultanszeiten: Die Janitscharen spielen Marschmusik.

Das Lieblingsgetränk der Türken ist schwarzer Tee, Çay. Überall und jederzeit wird er getrunken, vor allem in den Çayhane, den Teehäusern, einer Domäne der Männer. Für Familien sind die Çaybahçesi, die Teegärten, da. Zubereitet wird das Getränk in zwei übereinander stehenden Kannen. In der unteren wird Wasser zum Sieden gebracht, in der oberen werden die Teeblätter erwärmt, dann aufgegossen und gewartet, bis sich die Blätter setzen. Von dem entstandenen starken Extrakt gießt man ein wenig ins Teeglas und verdünnt ihn nach Geschmack mit heißem Wasser aus der unteren Kanne. Neben schwarzem Tee wird auch gerne Adaçayı, Kräutertee, oder Elmaçayı, Apfeltee, getrunken. Für Kahve, Kaffee, kommen pro Portion ein gehäufter Teelöffel fein gemahlenes Kaffeemehl der Sorte Arabica mit der gewünschten Zuckermenge und je 50 ml Wasser in ein Cezve, ein Portionskännchen aus Kupfer oder Aluminium. Dreimal läßt man die Mischung aufkochen und gießt sie in winzige Täßchen.
Weitere beliebte Getränke sind gekühlter Ayran, mit Wasser verquirlter Joghurt mit einer Prise Salz, und Salep aus Knabenkrautpulver, heißer Milch, Zucker und einer Prise Zimt. Salep wird im Winter gegen Erkältung getrunken.
Der Wein hat in der Türkei eine lange Tradition. Şarap, der türkische Name für Wein, wurde in Anatolien bereits 4000 v. Chr. kultiviert. Drei Hauptanbaugebiete, Thrakien mit der Marmararegion, das Gebiet der Ägäis und Mittelanatolien, liefern heute qualitätvolle Weiß- und Rotweine verschiedener Geschmacksnuancen. Kleinere Anbaugebiete liegen bei Tokat im Hinterland des Schwarzen Meeres sowie in Südost- und Ostanatolien. Für Wein werden oft Rebsorten aus verschiedenen Regionen kombiniert. Bei den Rebsorten handelt es sich sowohl um heimische Gewächse wie auch um Weinreben, die in den 30er Jahren aus Frankreich angesiedelt wurden. Pioniere moderner Weinwirtschaft sind die Kellereien von Doluca und Kavaklıdere. Besonders geschätzt ist in der Türkei Rakı, ein Schnaps, destilliert aus Wein, selten aus Feigen, versetzt mit Anis. Man genießt ihn aus schlanken hohen Gläsern, mit Eis gekühlt und mit Wasser verdünnt, am Abend zu unzähligen kleinen, leckeren Gerichten, den Meze. Ein solches Essen nennt sich Rakı sofrası, Rakı-Tafel.

Marktstand in Ünye am Schwarzen Meer: Die Bauern leben von ihren feilgebotenen Agrarprodukten.

A SINIFI TAM

SUPPEN UND EIERSPEISEN

Suppe (Çorba) besitzt in der Türkei einen besonderen Stellenwert. Zusammen mit Brot bildet sie auf dem Land das traditionelle häusliche Frühstück. Zu jedem größeren Ort gehört außerdem ein Çorbacı, ein Suppenkoch, der in seiner Garküche schon früh morgens Suppen in großen dampfenden Töpfen und ofenfrisches Brot bereithält. An Markttagen sind alle Tische besetzt. Denn eine Suppe – das wissen die Türken – erzeugt Wohlbehagen und macht satt für wenig Geld. Sie wird übrigens immer »getrunken«. Das Wort »essen« wird in bezug auf Suppen im türkischen Sprachgebrauch nie verwendet.

Suppe genießen die Türken auch als Stärkung zwischendurch oder mittags und abends vor den Hauptmahlzeiten. Häufig wird sie erst vor dem Auftragen gewürzt, mit Minze- oder Paprikabutter, mit Knoblauchessig oder Zitronensaft. Brot gehört immer dazu. Der Kuttelsuppe wird bei zu reichlichem Alkoholgenuß Wunderwirkung nachgesagt. Sie soll einen klaren Kopf machen. Der dafür zuständige Işkembecı, der Kuttelsuppenkoch, hält deshalb sein Lokal für Nachtschwärmer lange geöffnet.

Zur türkischen Alltagsküche gehören auch Eier, auf dem Land von freilaufenden Hühnern geliefert, die zu fast jedem Familienanwesen gehören.

Frische hartgekochte Eier legt man sich zum Frühstück in Scheiben aufs Brot. Als schnelle und preiswerte Mahlzeit zwischendurch kommen Gemüserühreier oder Spiegeleier mit gebratenen Knoblauchwurstscheiben in Portionspfännchen auf den Tisch. Im Sommer liebt man Eier mit Joghurtsauce. Dotter und Sauce werden dann genüßlich mit Fladenbrotstücken aufgetunkt.

Almsuppe

Yayla çorbası

Mittelanatolien · Sommergericht

Zutaten für 4–6 Portionen:
80 g Langkornreis
1 große Zwiebel (150 g)
60 g Butter
1 ½ l Fleischbrühe, selbstgemacht oder instant
350 g säuerlicher Vollmilchjoghurt
2 kleine Eier
1 schwach gehäufter EL Mehl · Salz
schwarzer Pfeffer, frisch gemahlen
2 EL Zitronensaft
1 ½ TL getrocknete Minze

Zubereitungszeit: 30 Min. (+ 20–30 Min. Garen)

Bei 6 Portionen pro Portion: 900 kJ/210 kcal

1 Reis in einem Sieb abspülen und abtropfen lassen. Zwiebel schälen und klein würfeln. 30 g Butter in einem Suppentopf erhitzen und die Zwiebel bei mittlerer Hitze darin glasig dünsten. 1 ¼ l Fleischbrühe angießen und zum Kochen bringen. Reis in die Brühe geben, bei schwacher Hitze zugedeckt 20–30 Min. garen, bis er weich ist.

2 Joghurt, Eier und Mehl in eine Schüssel geben und mit dem Schneebesen glattrühren. 1 Schöpflöffel mit ¼ l heißer Brühe unterquirlen. Die Brühe mit dem Reis vom Herd nehmen, kurz abkühlen lassen und die Joghurt-Eier-Mischung hineinrühren.

3 Suppe bei mittlerer Hitze und unter ständigem Rühren leicht erhitzen, bis sie dicklich wird. Sie darf nicht mehr kochen, denn sonst gerinnt sie. Mit Salz, Pfeffer und Zitronensaft abschmecken.

4 In einem Pfännchen die restliche Butter erhitzen, bis sie schäumt. Minze untermischen, alles in die Suppe rühren und diese mit frischem Fladenbrot (S. 65) oder Weißbrot servieren.

Tip! Türkischer Joghurt ist ziemlich säuerlich. Bei sehr mildem Joghurt sollten Sie etwas mehr Zitronensaft zugeben.

Yayla, die Alm

Der Begriff »Yayla« ist mit »Alm« nur unzureichend übersetzt. Die Yayla kann sowohl eine grasbewachsene Hochebene wie auch eine im Gebirge gelegene, grüne Oase sein. Auf die kühlen Weideplätze, die oft beschwerlich zu erreichen sind, ziehen im Sommer Familien mit ihren Schaf- und Ziegenherden. Der Hausrat mit großen Kupferkesseln und Bettzeug wird auf Kamelen und Pferden, heute teils auch auf Lastwagen, mitgeführt. Es ist immer ein besonderes Erlebnis, einer solchen Karawane auf dem Weg in die Berge zu begegnen. Auf den Hochebenen siedeln die von der Viehwirtschaft lebenden Familien bis zum Wintereinbruch nach Nomadentradition in Zelten aus dunklem Ziegenhaar und verarbeiten Milch zu Butter und Käse. Von hier stammt auch die »Yayla çorbası«, die Almsuppe.

Eine Yayla-Kultur ganz anderer Art pflegen die Menschen an der türkischen Mittelmeerküste. Wenn das Thermometer im Hochsommer auf 40–45° klettert, ziehen vor allem ältere Leute, Frauen mit Babys und Kleinkindern, am Wochenende auch Berufstätige, in ihre Sommerhäuschen ins Gebirge um, wo das Klima angenehm frisch ist. Diese Feriensiedlungen liegen in wasserreichen Oasen. Den Yayla-Aufenthalt nutzen die Frauen, um das Gemüse, das hier wächst, für den Winter zu konservieren. Es wird eingelegt, eingekocht, getrocknet oder zu Pasten verarbeitet.

Hirtenfamilien flüchten vor der Sommerhitze auf die kühle Yayla.

Hochzeitssuppe

Düğün çorbası

Mittelanatolien · Braucht etwas Zeit

Zutaten für 4 Portionen:
500 g Kalb- oder Lammfleisch mit Knochen
1 große Zwiebel (150 g)
1 große Möhre (150 g)
1 Lorbeerblatt
Salz · 60 g Butter
2 gestrichene EL Mehl · 2 Eier
schwarzer Pfeffer, frisch gemahlen
Saft von 1 Zitrone
1 gestrichener TL scharfes Paprikapulver

Zubereitungszeit: 30 Min. (+ 1 Std. Garen)

Pro Portion: 1300 kJ/310 kcal

1 Fleisch kalt abspülen und in einen Suppentopf legen. Gemüse schälen, würfeln und mit Lorbeerblatt, Salz und 1½ l Wasser zum Fleisch geben. Alles zum Kochen bringen und bei schwacher Hitze zugedeckt etwa 1 Std. garen. Zu Beginn den Schaum abschöpfen.

2 Suppe in ein Sieb gießen. Fleisch von den Knochen lösen und in kleine Würfel schneiden. Gemüse durch ein Haarsieb zur Brühe passieren.

3 In einem anderen Suppentopf 30 g Butter erhitzen, Mehl mit dem Schneebesen hineinrühren und kurz anschwitzen. Brühe angießen und unter Rühren aufkochen lassen. Topf vom Herd nehmen.

4 Eier in einer Schüssel mit Zitronensaft verquirlen. Einen Schöpflöffel von der heißen Suppe unterrühren. Diese Mischung mit dem Schneebesen in die Suppe rühren und leicht erhitzen, bis sie dicklich wird. Sie darf aber nicht mehr kochen, weil sie sonst gerinnt.

5 Suppe mit Salz und Pfeffer abschmecken, Fleischwürfel hineingeben. Restliche Butter in einem Pfännchen erhitzen. Paprikapulver untermischen und bei Tisch etwas gewürzte Butter über jede Suppenportion träufeln. Dazu gibt es frisches Fladenbrot (S. 65).

Grüne Erbsensuppe

Bezelye çorbası

Ägäisküste · Frühlingsgericht

Zutaten für 4–6 Portionen:
2 mittelgroße Zwiebeln (200 g)
1 Kopfsalat · 1 Bund glatte Petersilie
300 g junge Erbsen, tiefgekühlt
60 g Butter
1½ l Hühnerbrühe, selbstgemacht oder instant · Salz
schwarzer Pfeffer, frisch gemahlen
1 EL Zitronensaft
2 Scheiben Toastbrot
½ TL mildes oder scharfes Paprikapulver

Zubereitungszeit: 30 Min. (+ 25 Min. Garen)

Bei 6 Portionen pro Portion: 690 kJ/160 kcal

1 Zwiebeln schälen und klein würfeln. Vom Kopfsalat die schlechten Blätter entfernen. Salat in Blätter teilen, waschen und trockenschütteln, die Blätter in Streifen schneiden. Petersilie waschen und trockenschütteln, die Blättchen grob hacken. Erbsen aus dem Gefrierfach nehmen.

2 In einem Suppentopf 30 g Butter erhitzen. Zwiebeln, Salat, Petersilie und 200 g Erbsen unter Wenden bei mittlerer Hitze etwa 5 Min. schmoren. Brühe angießen und alles etwa 20 Min. zugedeckt garen.

3 Suppe durch ein Haarsieb in einen zweiten Topf passieren. Restliche Erbsen hineingeben, alles etwa 5 Min. aufkochen lassen. Mit Salz, Pfeffer und Zitronensaft abschmecken.

4 Toastbrot in etwa 1 cm große Würfel schneiden. Restliche Butter in der Pfanne erhitzen, Brot darin knusprig rösten und mit Paprikapulver überpudern. Die Brotwürfel nach dem Servieren auf die Suppenportionen streuen.

Tip! Einige gehackte frische Minzeblätter auf die Suppe streuen, das macht sie besonders apart.

Rote Linsensuppe

Südostanatolien · Vegetarisch

Kırmızı mercimek çorbası

Zutaten für 4–6 Portionen:
250 g rote Linsen
1 große Zwiebel (150 g)
1 große Möhre (150 g)
80 g Butter
1¼ l Gemüsebrühe, selbstgemacht oder instant
¼ l Milch · Salz
schwarzer Pfeffer, frisch gemahlen
1 EL Zitronensaft
3 Scheiben Toastbrot
1 TL scharfes oder mildes Paprikapulver

Zubereitungszeit: 30 Min. (+ 30 Min. Garen)

Bei 6 Portionen pro Portion: 1300 kJ/310 kcal

1 Linsen in ein Sieb geben, Steinchen aussortieren. Linsen unter fließendem kaltem Wasser abspülen und abtropfen lassen. Zwiebel und Möhre schälen und klein würfeln.

2 In einem Suppentopf 20 g Butter erhitzen, Zwiebel darin glasig dünsten und die Möhrenwürfel etwa 5 Min. mitschmoren. Gemüsebrühe und abgetropfte Linsen hinzufügen, aufkochen und bei schwacher Hitze in etwa 30 Min. garen, dabei gelegentlich umrühren. Linsen und Gemüse in ein Haarsieb gießen und in einen zweiten Topf passieren. Milch unterrühren, die Suppe erneut aufkochen und mit Salz, Pfeffer und Zitronensaft abschmecken.

3 Brot etwa 1 cm groß würfeln. 30 g Butter in einer Pfanne erhitzen und die Würfel knusprig braten.

4 Restliche Butter in einem Pfännchen erhitzen und das Paprikapulver einrühren. Bei Tisch auf jede Suppenportion etwas Paprikabutter und einen Teil der Brotwürfel geben. Dazu frisches Fladenbrot (S. 65) reichen.

Tip! Durch Stehen dickt die Suppe nach. Dann mit Brühe oder Milch verdünnen.

Linsen

Rote Linsen (Kırmızı mercimek) gehören zu den beliebtesten Hülsenfrüchten der Türkei. Kein Wunder, der Vordere Orient ist ihre Heimat. Hier wurden sie bereits um 7000 v. Chr. kultiviert. Das Hauptanbaugebiet der Linsen liegt heute bei der südostanatolischen Stadt Şanlıurfa, im Bereich des Euphrat und seiner Nebenflüsse. Hier findet die Pflanze, die zu der Familie der Leguminosen zählt, ideale Wachstumsbedingungen, nämlich trockene, sehr heiße Sommer. Rote Linsen kommen bereits geschält in den Handel und benötigen keine Einweichzeit. Während des Kochens verändert sich ihre Farbe von Orangerot in mattes Gelb. Die Linsensuppe ist in der ganzen Türkei beliebt.

Linsen verlesen ist Frauensache.

Darüber hinaus existieren eine Reihe anderer regionaler Gerichte mit dieser Hülsenfrucht wie die Linsen-Laibchen (Mercimek köftesi) aus der südostanatolischen Stadt Gaziantep. Grüne Tellerlinsen werden ebenfalls gerne gegessen, z.B. mit Hackfleisch und Tomaten zusammen gekocht, doch erreichen sie nicht die Beliebtheit der gelben Linsen. Wie alle Hülsenfrüchte besitzen auch die Linsen einen hohen Eiweißgehalt, überdies wichtige Mineralstoffe wie Kalzium, Phosphor, Eisen und B-Vitamine wie Niacin. Vor dem Kochen Linsen verlesen und kalt abbrausen.

Suppe der Braut Ezo

Mittelmeerküste · Wintergericht

Ezo gelin çorbası

Zutaten für 4–6 Portionen:
100 g rote Linsen
100 g feiner Bulgur
1 große Zwiebel (150 g)
60 g Butter
2 EL Tomatenmark
1 TL scharfes Paprikapüree
Salz
schwarzer Pfeffer, frisch gemahlen
1 TL getrocknete Minze
2 Zweige frische Minze oder glatte Petersilie

Zubereitungszeit: 30 Min. (+ 45 Min. Garen)

Bei 6 Portionen pro Portion: 790 kJ/190 kcal

1 Linsen in ein Sieb geben, verlesen, kalt abspülen und abtropfen lassen. Bulgur ebenfalls in einem Sieb abbrausen und abtropfen lassen. Zwiebel schälen und fein würfeln.

2 In einem Suppentopf 30 g Butter erhitzen und die Zwiebel darin glasig dünsten. Mit 1½ l Wasser ablöschen. Linsen und Bulgar einrühren. Tomatenmark in ¼ l Wasser glattrühren und dazugeben. Alles bei schwacher Hitze etwa 45 Min. garen, dabei gelegentlich umrühren.

3 Suppe durch ein Haarsieb in einen zweiten Topf passieren. Falls sie zu dick ist, noch etwas Wasser nachgießen. Suppe erneut aufkochen lassen und mit Paprikapüree, Salz und Pfeffer herzhaft abschmecken.

4 Restliche Butter in einem Pfännchen erhitzen, getrocknete Minze untermischen und alles in die Suppe rühren. Frische Minze- oder Petersilienblättchen waschen, trockenschütteln, hacken und vor dem Servieren über die Suppe streuen.

Tip! Man kann die Suppe noch mit einigen Champignonscheibchen verfeinern. Sie werden etwa 10 Min. vor Ende der Garzeit untergerührt.

Kuttelsuppe

Istanbul · Mitternachtsgericht

Işkembe çorbası

Zutaten für 4–6 Portionen:
300 g vom Fleischer bereits vorgegarte Kalbs- oder Hammelkutteln
Salz · 60 g Butter
1½ EL Mehl
2 Eigelb
Saft von ½ Zitrone
1 TL scharfes Paprikapulver
2 Knoblauchzehen
50 ml Weißweinessig

Zubereitungszeit: 30 Min. (+ 20 Min. Garen)

Bei 6 Portionen pro Portion: 630 kJ/150 kcal

1 Kutteln unter fließendem Wasser gründlich abspülen, in sehr feine, etwa 2,5 cm lange Streifchen schneiden und mit 1 l Wasser und Salz in einen Topf geben. Bei schwacher Hitze zugedeckt etwa 20 Min. garen. Kutteln mit einem Schaumlöffel aus dem Sud nehmen. Kuttelbrühe aufheben.

2 In einem zweiten Topf 30 g Butter erhitzen, Mehl hineinrühren, leicht anschwitzen, nach und nach die Hälfte der Kuttelbrühe unterrühren und köcheln lassen. Restliche Brühe sowie die Kutteln dazugeben. Alles erneut aufkochen und bei schwacher Hitze etwa 3 Min. weitergaren.

3 Eigelb mit Zitronensaft verquirlen. Suppe kurz abkühlen lassen, die Eimischung hineinrühren und leicht erhitzen, bis die Suppe dicklich wird, sie darf jedoch nicht mehr kochen. Suppe mit Salz mild abschmecken.

4 Restliche Butter erhitzen und das Paprikapulver einrühren. Knoblauch schälen, mit Salz im Mörser zerdrücken und mit dem Essig und 50 ml Wasser vermischen. Auf jede Suppenportion etwas Paprikabutter geben. Mit 1–2 EL Knoblauchessig würzt sich jeder nach Geschmack seine Suppe selbst. Dazu frisches Fladenbrot (S. 65) reichen.

Tarhana-Suppe

Tarhana çorbası

Mittelanatolien · Wintergericht

Zutaten für 4–6 Portionen:
3 milde Spitzpaprikaschoten
3 mittelgroße Tomaten (300 g)
2 Knoblauchzehen
30 g Butter
200 g Rinder- oder Lammhackfleisch
100 g Tarhana (Suppenmehl)
1 EL Tomatenmark
Salz
schwarzer Pfeffer, frisch gemahlen
½ TL mildes oder scharfes Paprikapulver
½ Bund glatte Petersilie

Zubereitungszeit: 30 Min. (+ 15 Min. Garen)

Bei 6 Portionen pro Portion: 810 kJ/190 kcal

1 Spitzpaprika waschen, längs halbieren, Stiele, Kerne und weiße Rippen entfernen. Schoten ausspülen und in kleine Stücke schneiden. Tomaten mit kochendem Wasser übergießen, kurz stehenlassen, enthäuten, Stielansätze herausschneiden und das Fruchtfleisch würfeln. Knoblauch schälen und fein hacken.

2 Butter in einem Suppentopf erhitzen. Knoblauch darin glasig dünsten, dann das Hackfleisch hinzufügen. Die Fleischmasse mit dem Kochlöffel fein zerdrücken und unter Rühren bei starker Hitze anbraten, bis der Saft verdampft ist und sich das Fleisch leicht bräunt. Gemüse untermischen und etwa 2 Min. bei mittlerer Hitze mitschmoren. 1 ¼ l Wasser angießen und aufkochen lassen.

3 Tarhana und Tomatenmark in ¼ l Wasser glattrühren und unter die Suppe mischen. Diese bei schwacher Hitze etwa 15 Min. zugedeckt köcheln lassen, dabei gelegentlich umrühren, damit sie nicht ansetzt.

4 Suppe mit Salz, Pfeffer und Paprikapulver abschmecken. Petersilie waschen und trockenschütteln, die Blättchen hacken und vor dem Servieren über die Suppe streuen.

Das feinkrümelige Tarhana wird aus verschiedenen Zutaten hergestellt.

Tarhana

Bei Tarhana handelt es sich um eine Art Suppenmehl, das ursprünglich von den nomadisierenden Turkvölkern Mittelasiens zur Konservierung von Joghurt hergestellt wurde. So stand jederzeit ein zuverlässiges, nahrhaftes Lebensmittel zur Verfügung. Auf ihren Vorstößen nach Westen nahmen die heutigen Türken ihre Konservierungstradition mit und behielten sie, auch nachdem sie seßhaft geworden waren, bei. So stellen nach wie vor die Hausfrauen im Sommer Tarhana aus Bulgur, geschrotetem Weizen, und Joghurt her, die sie zu einem Brei zusammenkochen, abtropfen lassen, mit Salz, Pfeffer, Tomaten, Paprika oder auch mit Zwiebeln und Brühe anreichern. Diesen Brei drücken sie durch ein Haarsieb, zerkrümeln ihn ganz fein mit den Fingern und lassen ihn in der Sonne trocknen. Aufbewahrt wird Tarhana luftig in Baumwollsäckchen. Manche Hausfrauen reichern ihr Tarhana an mit dem Saft von Kornelkirschen, von roten Beten oder mit ein wenig Minze. Es gibt auch eine andere Zubereitungsart: Mehl mit Joghurt durchkneten, einige Tage zum Säuern beiseite stellen, den Teig in Würfel schneiden, trocknen und reiben. Auf selbstgemachtes Tarhana legen die Türken großen Wert, obwohl es auch industriell hergestellt wird. Vor allem dieses Tarhana wird exportiert.

Gemüse-Rührreier

Ägäisküste · Geht schnell

Menemen

Zutaten für 4 Portionen:
1 Bund Frühlingszwiebeln
4 mittelgroße Tomaten (400 g)
4 grüne scharfe oder milde Peperoni
50 g Butter · 6 Eier · Salz
schwarzer Pfeffer, frisch gemahlen
½ Bund glatte Petersilie

Zubereitungszeit: 30 Min.

Pro Portion:
980 kJ/230 kcal

1 Frühlingszwiebeln putzen und waschen, für dieses Gericht werden nur die weißen Teile verwendet. Diese in feine Ringe schneiden. Tomaten mit kochendem Wasser übergießen, kurz stehenlassen, enthäuten, die Stielansätze herausschneiden und das Fruchtfleisch würfeln.

2 Peperoni waschen, längs halbieren, Kerne und Stiele entfernen. Schotenhälften ausspülen und quer in dünne Streifchen schneiden.

3 Butter in einer großen Pfanne erhitzen. Frühlingszwiebeln darin glasig dünsten, dann das Gemüse bei mittlerer Hitze 4–5 Min. unter ständigem Rühren mitschmoren.

4 Eier in einer Schüssel aufschlagen, mit Salz verquirlen und über das Gemüse gießen. Gemüse-Rührreier mit einem Pfannenwender bei mittlerer Hitze nur leicht verrühren, bis die Eier zu stocken beginnen. Das Gericht soll eine saftige Konsistenz haben. Menemen mit Salz und Pfeffer abschmecken. Petersilie waschen und trockenschütteln, die Blättchen fein hacken und über das Gericht streuen. Mit frischem Fladenbrot (S. 65) servieren.

Info: Menemen wird in der Türkei immer in kleinen Aluminium-Portionspfännchen gebraten und darin auch serviert.

Eier in Joghurt

Ägäisküste · Sommergericht

Çılbır

Für 4 Portionen als Hauptspeise, für 8 Portionen als Vorspeise:
4 Becher säuerlicher Vollmilchjoghurt (je 175 g)
4 Knoblauchzehen · Salz
1/8 l Weißweinessig
8 Eier
1 TL scharfes Paprikapulver
4 EL Sonnenblumenöl

Zubereitungszeit: 30 Min.

Bei 8 Portionen pro Portion: 820 kJ/200 kcal

1 Joghurt in eine Schüssel geben. Knoblauch schälen und mit der Presse dazudrücken. Salz hinzufügen und alles gründlich verrühren.

2 In einem breiten Topf 2 l Wasser zum Kochen bringen. Essig hineingeben und das Wasser sieden lassen. Einzeln nacheinander alle Eier vorsichtig in einen Schöpflöffel aufschlagen und in das siedende Wasser gleiten lassen. Die Hitze reduzieren. Einen Deckel auf den Topf legen, dann die Eier 4–6 Min. garen, bis das Eiweiß fest geworden ist. Den Deckel abnehmen. Eier mit einem Schaumlöffel herausheben, kurz in eine mit kaltem Wasser gefüllte Schüssel tauchen und auf dem Schaumlöffel abtropfen lassen. Eier auf eine Platte legen.

3 Joghurtsauce über die Eier gießen. Paprikapulver mit Öl verrühren und über den Joghurt träufeln. Eier nach Belieben mit frischem Fladenbrot (S. 65) servieren.

Tip! Eier in Joghurtsauce sind eine leichte, sommerliche Mahlzeit, eignen sich jedoch auch als Vorspeise. Servieren Sie die Eier unmittelbar nach der Zubereitung, solange die Dotter noch warm sind.

VORSPEISEN UND SALATE

Wenn der Kellner auf einem Riesentablett und auf vielen kleinen Tellern die Vorspeisen präsentiert, sind die Touristen, die das erste Mal die Türkei besuchen, vom Angebot überwältigt. Gemüse als Salat oder Püree, mit oder ohne Joghurt angerichtet, gefüllt, gebraten, eingelegt oder gekocht, Pasten aus Käse und Hülsenfrüchten, kleine Fischleckereien, würzige Leberstückchen und knusprige Teigröllchen, wer sich da nicht im Zaum hält, schafft es kaum bis zum Hauptgericht.

Doch das gehört nun einmal zu einer Rakı-Tafel, wie dieses kulinarische Bravourstück heißt, und nichts fördert die Geselligkeit mehr als das zwanglose Naschen feiner Häppchen. Da wird Weiß- oder Fladenbrot in Pasten gestippt, an knackigen Salatblättern geknabbert und dazu an Rakı oder Wein genippt. Doch auch auf dem Familientisch sind vor der Hauptmahlzeit an die zwei bis drei Vorspeisen oder Salate angesagt, zu Festen, und wenn Besuch kommt, sogar noch mehr. Zahlreiche kalte Gemüse-, kleine Teig-, Fisch- und Fleischgerichte werden in der Türkei sowohl als Vorspeisen wie auch als Zwischengänge gereicht. Das hier vorgestellte Angebot läßt sich durch einen Blick in die entsprechenden Kapitel leicht erweitern. Zu einer Rakı-Tafel gehören auch Möhren- und Gurkenstreifen, Schafkäse und Oliven ebenso wie frisches Weißbrot, das bei keiner Mahlzeit fehlen darf.

Joghurt-Kaltschale

Mittelanatolien · Geht schnell

Cacık

Zutaten für 4 Portionen:
1 große Salatgurke
4 Becher kalter, säuerlicher Vollmilchjoghurt (je 175 g)
2 Knoblauchzehen
½ Bund Dill
Salz
2 TL Olivenöl, kaltgepreßt
1 TL getrocknete Minze

Zubereitungszeit: 20 Min.

Pro Portion: 610 kJ/150 kcal

1 Salatgurke schälen und längs halbieren. Kerne mit einem Teelöffel herausschaben. Gurke in kleine Würfel schneiden. Joghurt in einer Schüssel mit ¼ l eiskaltem Wasser verquirlen.

2 Knoblauch schälen und durch die Presse zum Joghurt drücken. Dill waschen und trockenschütteln, die Blättchen fein hacken und zu den Zutaten in der Schüssel geben.

3 Etwas Salz darüber streuen, die Gurkenwürfel hinzufügen und alles gründlich vermischen. Cacık auf

4 Portionsschüsselchen oder -tellern verteilen und auf jedes ½ TL Olivenöl träufeln. Mit ein wenig Minze bestreuen und servieren.

Info: Cacık wird in der Türkei gerne vor einer Mahlzeit oder zwischendurch gegessen.

Tip! Kalt serviert ist Cacık besonders erfrischend. Man kann statt Wasser auch die entsprechende Menge Eiswürfel in den Joghurt geben oder die Kaltschale vor dem Servieren in den Kühlschrank stellen.

Hirtensalat

Küstenregionen · Gelingt leicht

Çoban salatası

Zutaten für 4 Portionen:
1 Bund Frühlingszwiebeln
4 mittelgroße Tomaten (400 g)
1 mittelgroße Salatgurke (400 g)
3 grüne milde oder scharfe Peperoni
1 Bund glatte Petersilie
2 EL Olivenöl, kaltgepreßt
2 EL Weißweinessig oder Zitronensaft
Salz
schwarzer Pfeffer, frisch gemahlen
50 g schwarze Oliven
1 unbehandelte Zitrone

Zubereitungszeit: 20 Min.

Pro Portion: 550 kJ/130 kcal

1 Frühlingszwiebeln waschen, putzen und in Ringe schneiden. Tomaten waschen, halbieren, von den Stielansätzen befreien und in etwa 1 cm große Würfel schneiden. Salatgurke schälen und ebenfalls in etwa 1 cm große Würfel schneiden. Alle Zutaten auf einer Platte anrichten.

2 Peperoni waschen, von den Stielansätzen befreien, die Schoten in Ringe schneiden. Wer sie weniger scharf mag, halbiert die Peperoni der Länge nach, entfernt Kerne und Rippen und schneidet die Schoten in Streifchen.

3 Petersilie waschen und trockenschütteln, die Blättchen fein hacken und mit den Peperoni über die angerichteten Zutaten auf der Platte streuen.

4 Aus Öl, Essig oder Zitronensaft, Salz und Pfeffer eine Marinade rühren und über den Salat träufeln. Oliven kalt abspülen, trockentupfen und auf dem Salat verteilen. Zitrone heiß waschen, achteln, nach Belieben an den Rand der Platte legen, so daß jeder mit Zitronensaft nachwürzen kann.

Tip! Auf den Hirtensalat kann man auch Schafkäse bröckeln oder Radieschen grob raspeln. Im Winter können Sie noch grobgeraspelte Möhren und feingeschnittenen Rotkohl hinzufügen.

Salat der Rosa Prinzessin

Schwarzmeerküste · Gelingt leicht

Pembe sultan salatası

Zutaten für 4–6 Portionen:
800 g rote Beten
Kaffeefiltertüte
3 Becher säuerlicher Vollmilchjoghurt (je 175 g)
3 Knoblauchzehen
Salz
2–3 EL Zitronensaft
1 Bund glatte Petersilie

Zubereitungszeit: 45 Min. (+ 1–1½ Std. Kochen + Abkühlen)

Bei 6 Portionen pro Portion: 470 kJ/110 kcal

1 Knollen waschen; mit Wasser bedeckt aufkochen und je nach Knollengröße 1–1½ Std. zugedeckt bei mittlerer Hitze kochen, bis die Knollen gar sind, d. h., bis man mit einer Gabel mühelos hineinstechen kann.

2 Ein Spitzsieb über eine Schüssel hängen, eine Kaffeefiltertüte hineinstecken, Joghurt einfüllen und etwa 20 Min. abtropfen lassen.

3 Rote Bete in ein Sieb gießen, mit kaltem Wasser abschrecken, abkühlen lassen und pellen. Auf einer Küchenreibe grob in eine Schüssel raspeln.

4 Abgetropften Joghurt hinzufügen, Knoblauch schälen und durch die Presse dazudrücken. Salz und Zitronensaft dazugeben, alles gut vermischen und abschmecken.

5 Petersilie waschen und trockenschütteln, die Blättchen abzupfen. Den Salat damit garniert servieren.

Variante: Möhrensalat (Yoğhurtlu havuc ezmesi)
Auf diese Art kann auch Möhrensalat zubereitet werden. Dafür 800 g geschälte Möhren grob raspeln, mit 3–4 EL Olivenöl in der Pfanne bei mittlerer Hitze unter Rühren etwa 10 Min. dünsten, abkühlen lassen und mit 3 Bechern abgetropftem Joghurt (je 175 g), 2 Knoblauchzehen, Salz und Zitronensaft vermischen.

Portulak in Joghurt

Ägäisküste · Frühlingsgericht

Yoğurtu semizotu

Zutaten für 4 Portionen:
Kaffeefiltertüte
2 Becher säuerlicher Vollmilchjoghurt (je 175 g)
600 g Portulak
3 Knoblauchzehen
2 EL Salatmayonnaise (80 %)
Salz
2 EL Zitronensaft
4 Zitronenscheiben zum Garnieren

Zubereitungszeit: 30 Min.

Pro Portion: 640 kJ/150 kcal

1 Ein Spitzsieb über eine Schüssel hängen, eine Kaffeefiltertüte hineinstecken, Joghurt einfüllen und etwa 20 Min. abtropfen lassen.

2 Inzwischen Portulak waschen und abtropfen lassen. Wurzeln und dicke Stiele abschneiden. Blättchen mit den zarten Stielen grob hacken. Knoblauch schälen.

3 Joghurt mit Salatmayonnaise, Salz und Zitronensaft verrühren. Knoblauch dazupressen und unterrühren. Portulak unter die Joghurtsauce mischen, abschmecken und servieren. Mit halbierten Zitronenscheiben garnieren.

Info: Portulak wird bei uns selten angeboten. Er läßt sich jedoch leicht im Frühsommer im Garten ziehen. Nach 3 bis 4 Wochen kann er geschnitten werden. Noch schneller wächst er unter Glas oder Folie. Portulak ist reich an Mineralstoffen und den Vitaminen A, C und der B-Gruppe.

Tip! Portulak mit seinen dickfleischigen Blättchen und seinem säuerlichen, nußartigen Aroma ist in der Türkei ein sehr geschätztes Gemüse. Man serviert es auch warm, gedünstet mit Zwiebeln und Hackfleisch.

Zucchinipuffer

Istanbul · Braucht etwas Zeit

Mücver

Zutaten für 4 Portionen:
800 g möglichst kleine, feste Zucchini
Salz
3 Frühlingszwiebeln
1 Bund Dill
1 Bund glatte Petersilie
3 EL Mehl
2 EL Kaşar-Käse (ersatzweise Emmentaler), frisch gerieben
3 Eier
100 ml Sonnenblumenöl zum Braten

Zubereitungszeit: 1 Std.

Pro Portion: 700 kJ/170 kcal

1 Zucchini waschen, Stiel- und Blütenansätze abschneiden. Schadhafte Stellen mit dem Messer abschaben. Zucchini auf der Küchenreibe grob raspeln und mit Salz vermischt etwa 15 Min. Saft ziehen lassen.

2 Frühlingszwiebeln putzen, waschen und in sehr dünne Ringe schneiden. Dill und Petersilie waschen und trockenschütteln, die Blättchen fein hacken. Zucchini in ein Haarsieb geben und die ganze Flüssigkeit auspressen.

3 Zucchinimasse mit Frühlingszwiebeln, Kräutern, Mehl, geriebenem Käse und Eiern gründlich verrühren. Die Mischung mit Salz abschmecken.

4 In einer Pfanne 2–3 EL Öl erhitzen. Mit einem Eßlöffel die Zucchinimasse portionsweise in die Pfanne geben, etwas flachdrücken und von jeder Seite bei mittlerer Hitze 2–3 Min. goldbraun braten. Zucchinipuffer auf Küchenpapier entfetten und warm stellen. Auf diese Weise alle Puffer braten und heiß servieren.

Getränke: Rakı, mit Eiswasser verdünnt, oder gut gekühlter, trockener Weißwein, z.B. ein Kavaklıdere Primeur aus Kappadokien, schmecken gut dazu.

Kräuter-Käsecreme

Mittelmeerküste · Gelingt leicht

Haydari

Zutaten für 4–6 Portionen:
Kaffeefiltertüte
4 Becher säuerlicher Vollmilchjoghurt (je 175 g)
200 g Schafkäse (Beyaz peynir)
½ Bund glatte Petersilie · ½ Bund Dill
½ Bund Minze (oder 1 gehäufter TL getrocknete Minze)
2 Knoblauchzehen
1 EL Zitronensaft
2 rote scharfe Peperoni
50 g schwarze Oliven

Zubereitungszeit: 30 Min. + Kühlen

Bei 6 Portionen pro Portion: 790 kJ/190 kcal

1 Ein Spitzsieb über eine Schüssel hängen, eine Kaffeefiltertüte hineinstecken, Joghurt einfüllen und etwa 20 Min. abtropfen lassen.

2 Inzwischen Schafkäse in einer Schüssel mit der Gabel sehr fein zerdrücken. Kräuter waschen und trockenschütteln, die Blättchen sehr fein hacken und zum Käse geben. Knoblauch schälen und durch die Presse dazudrücken. Alles gut vermischen.

3 Abgetropften Joghurt und Zitronensaft zum Schafkäse geben. Alles gründlich verrühren, so daß eine geschmeidige Paste entsteht. Die Kräuter-Käsecreme 1 Std. in den Kühlschrank stellen.

4 Peperoni waschen, von den Stielansätzen befreien und die Schoten in Ringe schneiden. Wer sie weniger scharf mag, halbiert die Peperoni der Länge nach, entfernt Kerne und Rippen und schneidet die Schoten in Streifchen. Oliven kalt abspülen und trockentupfen. Haydari auf einer kleinen Platte anrichten und mit Peperoni und Oliven garnieren.

Salat aus Bulgur

Kısır

Mittelanatolien · Geht schnell

Zutaten für 4–6 Portionen:
200 g feiner Bulgur
3 mittelgroße Tomaten (300 g)
1 Bund Frühlingszwiebeln
4 grüne scharfe oder milde Peperoni
1 Bund glatte Petersilie
½ Bund frische Minze oder
1 TL getrocknete Minze
1 EL Tomatenmark
1 Msp. gemahlener Kreuzkümmel
1 TL mildes Paprikapulver
schwarzer Pfeffer, frisch gemahlen
Salz · 3 EL Olivenöl, kaltgepreßt
Saft von 1 Zitrone

Zubereitungszeit: 30 Min.
(+ 30 Min. Quellen)

Bei 6 Portionen pro Portion:
680 kJ/160 kcal

1 Bulgur in eine Schüssel geben, mit 300 ml lauwarmem Wasser vermischen und etwa 30 Min. quellen lassen, bis das Wasser völlig aufgesogen ist.

2 Inzwischen das Gemüse waschen. Tomaten halbieren, Stielansätze herausschneiden und das Fruchtfleisch sehr klein würfeln. Frühlingszwiebeln putzen und in dünne Ringe schneiden. Peperoni längs halbieren, Stiele und Kerne entfernen, Schoten ausspülen und in sehr dünne Streifchen schneiden.

3 Petersilie und frische Minze waschen und trockenschütteln, die Blättchen fein hacken. Tomatenmark, Kreuzkümmel, Paprikapulver, 1 Prise Pfeffer, Salz, Olivenöl und Zitronensaft miteinander verrühren und unter den Bulgur mischen. Dann Kräuter und Gemüse dazugeben und unterheben. Den Salat etwa 10 Min. ziehen lassen, evtl. erneut abschmecken und servieren.

Getränk: Rakı, mit Eiswasser verdünnt, paßt ausgezeichnet dazu.

Tip! Man kann kleine Kısır-Mengen auf den zarten Herzblättern des Romana-Salates anrichten und als Happen aus der Hand essen.

Auberginensalat

Patlıcan salatası

Küstenregionen · Würzig

Zutaten für 4–6 Portionen:
800 g kleine Auberginen
Saft von 1 Zitrone
2 Knoblauchzehen
Salz
3 EL Olivenöl, kaltgepreßt
2 mittelgroße Tomaten (200 g)
50 g schwarze Oliven

Zubereitungszeit: 30 Min.
(+ 25–30 Min. Garen)

Bei 6 Portionen pro Portion:
470 kJ/110 kcal

1 Backofen auf 250° (Gas Stufe 5) vorheizen. Auberginen waschen. Das Grün rund um die Stielansätze dünn abschälen, dabei die Stiele nicht entfernen. Die Früchte mit der Gabel mehrmals einstechen.

2 Auberginen in der Fettpfanne des Backofens (Mitte) 25–30 Min. garen, bis sie weich sind. Von den noch heißen Auberginen die Haut abziehen, dabei die Früchte am Stiel halten. Dann die Stiele abschneiden. Auberginen sofort mit Zitronensaft beträufeln.

3 Auberginen auf einem Brett mit einem großen Messer sehr fein hacken, so daß eine püreeähnliche Masse entsteht. Diese in eine Schüssel geben. Knoblauch schälen, in Stücke schneiden und mit etwas Salz im Mörser zerdrükken. Olivenöl untermischen, alles unter die Auberginen rühren und salzen.

4 Salat kalt stellen. Erst kurz vor dem Servieren Tomaten waschen, achteln und Stielansätze herausschneiden. Oliven kalt abspülen und trockentupfen. Den Salat mit Tomaten und Oliven hübsch garnieren.

Info: Bei großen Auberginen sollte man die Kerne vor dem Hacken der Früchte vorsichtig ausschaben.

Kichererbsenpüree

Südostanatolien · Dauert länger

Humus

Zutaten für 6 Portionen:
200 g getrocknete Kichererbsen
Saft von 2 Zitronen
3 Knoblauchzehen
120 g Tahin (Sesampaste)
1 Msp. gemahlener Kreuzkümmel
Salz
1 Bund glatte Petersilie
4 EL Olivenöl, kaltgepreßt
1 TL scharfes Paprikapulver

Zubereitungszeit: 40 Min.
(+ 12 Std. Einweichen
+ 50 Min. Garen)

Pro Portion:
1200 kJ/290 kcal

1 Kichererbsen in einem Sieb abbrausen und in reichlich kaltem Waser über Nacht einweichen. Die Erbsen mit frischem Wasser bedeckt aufkochen, Schaum abschöpfen und bei schwacher Hitze zugedeckt in etwa 50 Min. garen. Erbsen kurz kalt abspülen, die Häutchen abziehen. Dazu die Erbsen zwischen Zeigefinger und Daumen reiben, dann geht es ganz leicht.

2 Erbsen mit dem Pürierstab pürieren und durch ein Haarsieb drücken, Zitronensaft untermischen. Knoblauch schälen und durch die Presse dazudrücken.

3 Tahin mit dem Öl, das sich abgesetzt hat, gut im Glas vermischen. Dann erst die angegebene Menge entnehmen und unter das Püree mischen, dieses mit Kreuzkümmel und mit Salz abschmecken. Petersilie waschen und trockenschütteln, die Blättchen sehr fein hacken und ebenfalls hinzufügen. Alles gründlich verrühren. Ist das Püree sehr fest, 2–3 EL kaltes Wasser untermischen.

4 Püree auf einen Servierteller geben. Olivenöl mit Paprikapulver verrühren, über das Püree träufeln und mit frischem Fladenbrot (S. 65) servieren.

Getränk: Rakı, mit Eiswasser verdünnt, schmeckt am besten dazu.

Tip! Man kann Humus auch auf Weißbrotscheibchen streichen und mit Petersilienblättchen oder Paprikastreifen garniert als Appetithappen reichen.

Sesam & Tahin

Sesam und Tahin sind wichtige Bestandteile der türkischen Küche.

Sesam, türkisch Susam, wurde bereits im Reich Urartu (900–700 v. Chr.) in Ostanatolien angebaut. Die Nutzpflanze mit ihren hübschen zartblauen Blüten findet man heute vor allem in der Mittelmeerregion und in Südostanatolien. Die Sesamkörner werden im Juli und August geerntet.
Für Tahin, Sesampaste, röstet man zuerst die kleinen Körnchen und mahlt sie sehr fein. In Dörfern des Taurusgebirges kann man an Gebirgsbächen urtümliche Getreidemühlen entdekken, mit denen auch Tahin hergestellt wird. Nach kurzem Ruhen setzt sich bei der Paste das Öl oben ab und muß vor Verwendung gründlich untergerührt werden. Sie sollten Tahin nicht lange aufheben, es wird leicht ranzig. Beliebt ist die Paste mit Pekmez vermischt, eingedicktem Traubensaft, zum Einstippen von frischem Fladen- oder Weißbrot. Die Männer trinken dazu gerne Rakı. Man verwendet Tahin auch für Salatsaucen. Aus zerstoßenem Sesam, Zucker und aromatischen Zutaten stellt man vor allem auch Helva her. Der Helvacı, der Halwamacher, bietet die Süßigkeit in Blöcken gepreßt an. Man genießt die Portionsscheiben mit etwas Zitronensaft beträufelt und einem Glas Wasser zur Geschmacksneutralisierung. Mit den Sesamsamen werden natürlich auch Brote und Sesamkringel bestreut. Sesam enthält Vitamin A, C sowie die der B-Gruppe und gilt als Aphrodisiakum.

Bohnen mit Sesamsauce

Mittelmeerküste · Braucht etwas Zeit

Taratorlu piyaz

Zutaten für 4–6 Portionen:
250 g getrocknete, kleine weiße Bohnen
2 mittelgroße Tomaten (200 g)
2 rote mittelgroße Zwiebeln (200 g)
2 grüne milde Peperoni · Salz
schwarzer Pfeffer, frisch gemahlen
4–5 EL Rotweinessig
4 EL Olivenöl, kaltgepreßt
4 EL Tahin (Sesampaste)
Saft von ½ Zitrone
2 hartgekochte Eier · 50 g schwarze Oliven · 1 Bund glatte Petersilie

Zubereitungszeit: 45 Min.
(+ 12 Std. Einweichen + 35–45 Min. Kochen)

Bei 6 Portionen pro Portion:
1100 kJ/260 kcal

1 Weiße Bohnen waschen und in reichlich Wasser über Nacht einweichen. Die Kerne mit frischem Wasser bedeckt aufkochen, Schaum abschöpfen und bei schwacher Hitze zugedeckt in 35–45 Min. garen, die Bohnen dürfen dabei nicht aufplatzen.

2 Bohnenkerne möglichst im Kochwasser abkühlen lassen. Tomaten waschen, halbieren, Stielansätze herausschneiden und das Fruchtfleisch würfeln. Zwiebeln schälen, vierteln und in Streifchen schneiden. Peperoni waschen, längs halbieren, Stiele und Kerne entfernen, Schoten ausspülen und in Streifchen schneiden.

3 Abgekühlte Bohnen in ein Sieb gießen und abtropfen lassen, dann auf 4 oder 6 Portionsschüsselchen oder tiefe Teller verteilen. Salz, Pfeffer, Essig und Öl verrühren und über die Portionen träufeln. Das vorbereitete Gemüse darauf verteilen.

4 Tahin mit dem Öl, das sich abgesetzt hat, gut im Glas vermischen. Dann erst die angegebene Menge entnehmen und in einer Schüssel mit Zitronensaft, Salz und 75 ml Wasser verrühren, 2–3 EL davon über jede Portion geben. Eier pellen und vierteln. Oliven kalt abspülen und trockentupfen. Petersilie waschen und trockenschütteln, die Blättchen fein hacken. Die Portionen mit Ei, Petersilie und Oliven hübsch belegen. Dazu Weiß- oder Fladenbrot (S. 65) reichen.

Gebratene Auberginen

Küstenregionen · Gelingt leicht

Patlıcan kızartması

Zutaten für 4 Portionen:
500 g Auberginen
Salz
8 grüne milde oder scharfe Peperoni
3 EL Mehl
100 ml Olivenöl zum Braten
3 Becher säuerlicher Vollmilchjoghurt (je 175 g)
3 Knoblauchzehen

Zubereitungszeit: 30 Min.
(+ 15 Min. Ruhen)

Pro Portion: 730 kJ/170 kcal

1 Von den Auberginen die Stielansätze entfernen. Die Früchte waschen und längs in etwa ½ cm dicke Scheiben schneiden. Leicht mit Salz bestreut etwa 15 Min. ruhen lassen.

2 Peperoni waschen und trockentupfen. Mehl auf einen flachen Teller sieben. Auberginenscheiben abtupfen, in Mehl drücken und darin wenden. Überschüssiges Mehl abschütteln.

3 In einer Pfanne so viel Öl erhitzen, daß der Boden bedeckt ist. Auberginenscheiben bei starker Hitze portionsweise darin 4–5 Min. von beiden Seiten goldbraun braten und auf Küchenpapier entfetten. Dann die Peperoni im ganzen samt der Stiele beidseitig 3–5 Min. anbräunen und abtropfen lassen.

4 Joghurt in eine Schüssel geben. Knoblauch schälen und durch die Presse dazudrücken, mit Salz würzen und alles gut verrühren. Das Gemüse auf einer Platte anrichten. Mit etwas Joghurt bedeckt warm oder kalt essen.

Variante: Zucchini und halbgar gekochte Möhren, beide längs in etwa ½ cm dicke Scheiben geschnitten, braten und ebenfalls mit Knoblauchjoghurt servieren.

Huhn auf Tscherkessenart

Istanbul · Braucht etwas Zeit

Çerkez tavuğu

Zutaten für 6 Portionen:
1 küchenfertiges Hähnchen (etwa 1,2 kg)
Salz
1 TL schwarze Pfefferkörner
1 mittelgroße Möhre (100 g)
1 mittelgroße Zwiebel (100 g)
300 g Walnußkerne
je ½ TL mildes und scharfes Paprikapulver
6 Scheiben Toastbrot
¼ l Brühe vom Hähnchen
¼ l Milch
schwarzer Pfeffer, frisch gemahlen
4 EL Walnußöl
1 Msp. Cayennepfeffer
½ Bund glatte Petersilie

Zubereitungszeit: 1 Std. (+ 1 Std. Garen + 30 Min. Ruhen)

Pro Portion: 3100 kJ/740 kcal

1 Hähnchen innen und außen abspülen, in einen Topf legen und knapp mit Wasser bedecken. Salz und Pfefferkörner einstreuen. Möhre und Zwiebel schälen, in Stücke schneiden und dazugeben. Alles aufkochen lassen. Schaum abschöpfen und das Hähnchen zugedeckt bei schwacher Hitze in 50–60 Min. garen, aus der Brühe nehmen und abkühlen lassen. ¼ l Brühe abmessen.

2 Bis auf 8 Hälften alle Walnüsse im Mixer fein zerkleinern. Zerkleinerte Nüsse in einer Kasserolle mit dem Paprikapulver vermischen und unter Rühren bei mittlerer Hitze etwa 5 Min. rösten, bis die Nüsse Öl ausschwitzen, dann abkühlen lassen.

3 Toastbrot entrinden, in etwa ¼ l Hühnerbrühe einweichen und leicht ausdrücken. Brot sehr fein mit der Gabel zerdrücken, mit der Milch unter die Walnußmasse rühren, so daß eine dicke Paste entsteht. Von dem Hähnchen Brust- und Keulenfleisch auslösen. (Das übrige Fleisch und die Brühe können Sie für eine Suppe verwenden.)

4 Das ausgelöste Fleisch mehrmals durchschneiden und die Stücke mit den Fingern zu feinen Fasern auseinander zupfen. Mit Salz, 1 Prise Pfeffer würzen und die Hälfte der Nußpaste daruntermischen. Die Hälfte der Mischung auf eine Servierplatte geben und glattstreichen. Walnußöl mit Cayennepfeffer verrühren und die Hälfte des gewürzten Öls über das Fleisch auf der Platte träufeln.

5 Anschließend 3 EL Nußpaste darüber verteilen, mit der verbliebenen Fleisch-Nuß-Mischung bedecken. Darauf die restliche Nußpaste streichen, mit dem übrigen Walnußöl beträufeln. Petersilie waschen und trockenschütteln, die Blättchen abzupfen. Damit und mit den 8 Nußhälften das Gericht garnieren. Dieses vor dem Servieren etwa 30 Min. bei Raumtemperatur durchziehen lassen.

Eingelegte Paprikaschoten

Antalya · Gut vorzubereiten

Biber turşusu

Zutaten für ein 4-l-Glas mit Schraub- oder Klemmdeckel oder für zwei 2-l-Gläser:
2 ½ kg runde dünnschalige Paprikaschoten (Dolmalık biber)
1 Bund frische Minze
10 Knoblauchzehen · 1 Ei
1 Paket Salz (500 g)
etwa 0,7 l Rotweinessig
1 gehäufter TL Zitronensalz (Limontuzu)
1 TL Zucker
1 EL Kichererbsen

Zubereitungszeit: 45 Min.
(+ 4–5 Tage zum Durchziehen)

Pro 100 g Paprikaschoten:
89 kJ/21 kcal

1 Glas und Deckel gründlich reinigen. Paprikaschoten und Minze waschen, in einem Sieb abtropfen lassen. Die Hälfte der Minzestengel auf den Boden des Glases legen. Paprikaschoten auf der entgegengesetzten Seite der Kappe, also auf der unteren Rundung, kreuzweise etwa 1 cm tief einschneiden. Knoblauch schälen. Paprika abwechselnd mit dem Knoblauch in das Glas schichten.

2 Gut 3 l kaltes Wasser in eine Schüssel gießen, das rohe Ei in der Schale hineinlegen. Nach und nach Salz einrieseln lassen, dabei ständig rühren, damit es sich auflöst. Wenn das Ei an die Oberfläche steigt, ist das Wasser ausreichend mit Salz gesättigt. Ei herausnehmen.

3 Den Essig einfüllen. Dann so viel Salzwasser über die Schoten gießen, bis das Glas fast voll ist. (Je nach Größe des Gefäßes muß noch genügend Platz bleiben, damit eine Tasse oder ein Teller zum Beschweren hineinpaßt.) Zitronensalz, Zucker und Kichererbsen dazugeben. Das Glas hin- und herdrehen, damit die Zutaten sich verteilen. Alles mit den restlichen Minzestengeln bedecken und mit einer Tasse oder einem Teller beschweren. Das Glas verschließen, kühl und dunkel stellen. Nach 4–5 Tagen kann man die Schoten bereits probieren. Sie halten sich monatelang.

Tip! Eingelegte Paprikaschoten werden gegessen, indem man am Kreuzschnitt beginnend Streifen abzieht, Kerngehäuse und Stiel bleiben übrig.

Eingelegtes

In Turşu-Läden findet man eingelegte Gemüse und Früchte jeder Art.

Gemüse und Früchte sauer einzulegen, entwickelten die Türken zu einer wahren Kunst. Bereits unter Mehmet II., dem Eroberer Konstantinopels (1453), gab es in der Küchenbrigade des Palastes einen ausschließlich für Turşu, Eingelegtes, verantwortlichen Koch. Eingelegt werden verschiedene Gemüsesorten, einzeln oder gemischt, in Salzwasser oder in Salzwasser mit Essig, wie Gurken, kleine Kürbisse, Bohnen, Mais, Möhren und Paprika. Besonders appetitlich sind rote oder grüne Paprikaschoten und kleine Auberginen, gefüllt mit feinen Kohlstreifen und umwickelt mit Selleriestengeln. Jeder Turşu-Hersteller legt Wert auf eine dekorative Anordnung seiner Ware im Glas. Früchte wie Pflaumen, Birnen, Quitten und Kirschen eignen sich auch zum Einlegen. Turşu-Läden sind heute leider im Aussterben begriffen. Einer der schönsten in Istanbul liegt im Stadtteil Cihangir. Zumindest die Karren der Turşu-Händler gehören immer noch zum gewohnten Straßenbild in größeren Städten. Auch der flüssige Inhalt der Gläser, das Einlegewasser, wird gerne getrunken. Lahana turşusu, eingelegter Weißkohl, ist an der Schwarzmeerküste besonders geschätzt, wo er gerne mit Knoblauch in der Pfanne gedünstet wird. Turşu fehlt bei keiner Vorspeise. Im Winter wird es gerne zu Gerichten mit Hülsenfrüchten gereicht.

REIS- UND TEIGGERICHTE

Ein kleiner dampfender Reisberg (Pilav) mit ein paar Kichererbsen oder weißen Bohnen als Beilage auf der Spitze – das ist schlechthin das einfachste und preiswerteste Essen, das in der Türkei von arm und reich gleichermaßen geliebt wird. Mit einem Glas Ayran, verdünntem, aufgeschlagenem Joghurt, gehört es zum Standardangebot einfacher Restaurants.

Roher Reis (Pirinç) ist ein Grundnahrungsmittel der türkischen Küche. Meist wird er mit etwas Butter angeröstet, mit Wasser und einer Prise Salz gekocht. Für Abwechslung sorgen z.B. mitgegarte Auberginenstücke, Mandeln, geraspelte Möhren, reisförmige Nudeln oder Innereien wie beim Festtagsreis.

Das Getreide wird in der Türkei selbst angebaut: im Süden des Landes und im Deltagebiet der Flüsse Ceyhan nehri und Seyhan nehri. Pilav bereitet man jedoch auch aus Bulgur, zerstoßenem Weizen, zu. Wie sich aus wenigen Grundzutaten vielerlei Speisen herstellen lassen, zeigt sich auch bei den Börek-Gerichten, der Pastete und dem Gebäck aus Strudel- oder Nudelteig sowie bei Mantı, den beliebten Teigtaschen. In deren Herstellung investieren die Frauen viel Zeit, ebenso wie auf das Backen der papierdünnen Brotfladen, das ihnen auf dem Dorf kein Bäcker abnimmt.

Festtagsreis

Istanbul · Würzig

Iç pilav

Zutaten für 4 Portionen:
250 g Langkornreis
50 g winzige Korinthen (Kuş üzümü)
1 mittelgroße Zwiebel (100 g)
200 g Lammleber
50 g Butter
50 g Pinienkerne
3/4 l Hühnerbrühe, selbstgemacht oder instant
schwarzer Pfeffer, frisch gemahlen
1/4 TL Pimentpulver · 1/4 TL Zimtpulver
1 Msp. gemahlener Kreuzkümmel
1/2 Bund Dill · Salz

Zubereitungszeit: 30 Min. (+ 25 Min. Garen)

Pro Portion: 2200 kJ/520 kcal

1 Reis in einem Sieb abspülen und abtropfen lassen. Korinthen heiß waschen. Zwiebel schälen und fein hacken. Lammleber kurz kalt waschen, trockentupfen und in etwa 1 cm große Würfel schneiden.

2 In einem Topf 30 g Butter erhitzen. Zwiebel und Pinienkerne bei mittlerer Hitze etwa 3 Min. darin unter Rühren dünsten. Abgetropfte Korinthen und Reis untermischen. Hühnerbrühe angießen und die Gewürze hinzufügen. Alles gut verrühren und zugedeckt bei schwacher Hitze etwa 10 Min. garen.

3 Inzwischen in einer Pfanne 20 g Butter erhitzen. Leberwürfel unter Wenden bei starker Hitze etwa 3 Min. darin anbraten und unter den Reis heben, diesen in weiteren 10 Min. fertiggaren.

4 Herd ausschalten. Zwischen Topf und Deckel eine doppelte Lage Küchenpapier legen, damit der Dampf aufgesaugt wird. Den Reis noch etwa 10 Min. auf der Herdplatte quellen lassen. Dill waschen und trockenschütteln, die Blättchen fein hacken und unter den Reis mischen. Mit Salz abschmecken und servieren.

Tip! Der Festtagsreis stammt aus der Palastküche und schmeckt ausgezeichnet als eigenständiges Gericht oder zu gegrillten Lammkoteletts. Man kann ihn auch mit Hühnerlebern zubereiten. Diese anbraten und etwa 5 Min. vor Ende der Garzeit untermischen.

Weizengrütze

Mittelanatolien · Gelingt leicht

Bulgur pilavı

Zutaten für 4 Portionen:
250 g grober Bulgur
2 kleine Zwiebeln (150 g)
3 milde Spitzpaprikaschoten
3 mittelgroße Tomaten (300 g)
40 g Butter
1 EL Tomatenmark
Salz
1 TL mildes Paprikapulver
schwarzer Pfeffer, frisch gemahlen

Zubereitungszeit: 30 Min. (+ 30–40 Min. Garen)

Pro Portion: 1300 kJ/310 kcal

1 Bulgur in einem Sieb kalt abbrausen und abtropfen lassen. Zwiebeln schälen und kleinhacken. Spitzpaprika waschen, längs halbieren, Stiele, Kerne und weiße Rippen entfernen, Schoten ausspülen und in Streifchen schneiden. Tomaten mit kochendem Wasser übergießen, kurz stehenlassen, häuten, von den Stielansätzen befreien und das Fruchtfleisch würfeln.

2 Butter in einem Topf erhitzen. Gehackte Zwiebeln glasig dünsten und Paprikastreifchen unter Rühren bei mittlerer Hitze etwa 2 Min. anbraten. Tomatenwürfel hinzufügen und kurz mitschmoren. Bulgur, 3/4 l Wasser, Tomatenmark, Salz und Paprikapulver unterrühren. Den Bulgur etwa 10 Min. unter Rühren im offenen Topf kochen.

3 Die Hitze reduzieren und den Bulgur zugedeckt weitere 20–30 Min. bei schwacher Hitze garen. Topf noch etwa 10 Min. auf dem ausgeschalteten Herd stehenlassen. Bulgur mit einer Gabel auflockern, mit Salz und Pfeffer abschmecken.

Tip! Weizengrütze wird gerne als Beilage zu gegrillten Hackfleischbällchen oder zu Fleischspießen gereicht. Man kann den Bulgur auch mit Lamm- oder Kalbfleischwürfeln garen, dann wird er als Hauptgericht serviert.

Bulgurröllchen

İçli köfte

Südostanatolien · Warm oder kalt

Zutaten für 4 Portionen:
2 kleine Zwiebeln (150 g)
50 g Walnußkerne · 30 g Butter
225 g zweimal durchgedrehtes Lammhackfleisch
½ Bund glatte Petersilie
¼ TL Zimtpulver · ¼ TL Pimentpulver
¼ TL gemahlener Kreuzkümmel
¼ TL mildes Paprikapulver
schwarzer Pfeffer, frisch gemahlen
Salz · 1 Msp. Zucker
150 g sehr feingestoßener Bulgur
½ TL gemahlener Koriander
½ l Sonnenblumenöl zum Fritieren

Zubereitungszeit: 1 ½ Std.

Pro Portion: 2600 kJ/620 kcal

1 Zwiebeln schälen und sehr fein würfeln. Walnüsse grob hacken. Butter in einer Pfanne erhitzen. Zwiebeln darin glasig dünsten, dann 100 g Hackfleisch untermischen, fein zerdrücken und unter Rühren bei starker Hitze 4–5 Min. anbraten. Pfanne beiseite stellen. Petersilie waschen und trockenschütteln, die Blättchen fein hacken und mit Walnüssen, Gewürzen, Salz und Zucker unter das Hackfleisch mischen.

2 Bulgur in einer Schüssel mit Koriander und 140 ml warmem Wasser mindestens 15 Min. durchkneten. Mit Salz bestreuen und dem restlichen rohen Hackfleisch vermischen, bis sich alle Zutaten zu einem Teig verbunden haben. Teig durch die feine Scheibe des Fleischwolfes drehen, erneut durchkneten. Teig in 12 Portionen teilen. Jede Portion in der Hand wie ein Ei formen. Mit dem Zeigefinger eine Vertiefung eindrücken, diese mit der beiseite gestellte Hackfleischmischung füllen. Öffnung verschließen, indem Bulgurmasse darüber zusammengedrückt wird, dabei die Eienden spitz formen.

3 Öl in einem hohen Topf erhitzen, bis an einem hineingetauchten Holzstäbchen kleine Bläschen aufsteigen. Jeweils 3 Röllchen darin braun ausbacken und auf Küchenpapier entfetten.

Bulgur

Weizen wird in Anatolien seit Urzeiten kultiviert, zu Mehl zerrieben oder im ganzen gekocht. Für ein Gericht aus ganzen Körnern müssen diese über Stunden eingeweicht und lange gegart werden. Pfiffige Frauen kürzten irgendwann einmal die mühselige Vorbereitung ab, sie erfanden den Bulgur. Dafür läßt man einen bis zur nächsten Getreideernte ausreichenden Vorrat an geschältem Weizen in Wasser quellen. Dieser wird dann gekocht und getrocknet. Dann zerschlägt man die Körner zu grobem oder feinem Schrot, dem Bulgur. In luftige Stoffsäcke verpackt, hält er sich über Monate und ist nach etwa 30 Min. Kochzeit gar.

Weizen wird zum Trocknen ausgebreitet.

Während die Städter den Bulgur fertig kaufen, stellen ihn die Bauern in den Dörfern selbst her. Dazu tun sich meist die Familien zusammen. Die Männer helfen, mit urtümlichen Holzstößeln bewaffnet, den Weizen zu zerstoßen. Diese Kraftarbeit erledigen jedoch auch Frauen. Grober Bulgur wird wie Reis gekocht. Feinen Bulgur verwendet man für Suppen, für Salat oder für Bulgurröllchen. Er ist auch für Tarhana (Suppenmehl) unentbehrlich.

Nudelteigpastete

Mittelanatolien · Etwas schwieriger

Su böreği

Zutaten für 6 Portionen, für eine Backform von 30–32 cm Ø oder eine entsprechend große rechteckige Auflaufform:

Für den Teig:
500 g Mehl + Mehl zum Ausrollen
4 Eier
2 EL Zitronensaft · 1 TL Salz

Für die Füllung:
200 g Schafkäse (Beyaz peynir)
1 Bund Dill
1 Bund glatte Petersilie

Zum Bestreichen:
150 g Butter + Butter für die Backform
2 EL Olivenöl
140 ml Milch

Zubereitungszeit: 2 Std. (+ 30 Min. Ruhen + 35 Min. Backen)

Pro Portion: 2800 kJ/670 kcal

1 Mehl in eine Rührschüssel sieben und in der Mitte eine Mulde bilden. In die Vertiefung Eier, Zitronensaft, Salz und 50 ml Wasser geben. Alles von der Mitte aus verrühren und etwa 5 Min. durchkneten, bis ein elastischer Teig entstanden ist. Diesen in 12 Stücke teilen, zu Bällchen formen und auf einem bemehlten Tablett mit einem feuchten Tuch bedeckt mindestens 30 Min. ruhen lassen.

2 Schafkäse mit der Gabel fein zerdrücken. Kräuter waschen und trockenschütteln, die Blättchen fein hacken und untermischen. Backform einfetten.

3 Auf gut bemehlter Arbeitsfläche ein Bällchen zu einer papierdünnen Platte, etwas größer als die Backform, ausrollen und die Form damit auslegen. Die übrigen Bällchen in Formgröße nacheinander ausrollen.

4 Eine Schüssel mit kaltem Wasser bereitstellen. Backofen auf 225° (Gas Stufe 4) vorheizen. In einem großen Topf reichlich Salzwasser mit Olivenöl zum Kochen bringen. 11 Teigblätter (1 bleibt ungekocht) einzeln bei mittlerer Hitze jeweils etwa 2 Min. kochen. Wenn sie an die Oberfläche kommen, mit einem Schaumlöffel herausheben, ins kalte Wasser tauchen und auf Küchentüchern abtropfen lassen.

5 Butter und Milch mit etwas Salz leicht erhitzen, Teigplatte in der Form damit einpinseln. Nacheinander 5 Teigplatten schichtweise aufeinander legen und jede ebenso bestreichen.

6 Auf die 5. Platte die Käsemischung verteilen. Die folgenden 5 Platten auf die Füllung schichten und dabei jede wieder einzeln einpinseln.

7 Überhängende Teigränder nach innen klappen, einpinseln und mit der letzten, der ungekochten Platte abdecken. Restliche Butter-Milch-Mischung auf die Oberfläche streichen. Pastete in Quadrate von etwa 8 cm Seitenlänge schneiden und im Backofen (Mitte) 30–35 Min. goldbraun backen. Heiß oder warm in der Form servieren.

Tip! Die Teigplatten lassen sich mit einem orientalischen Rollholz (Oklava) besonders dünn ausrollen.

Pizza türkische Art

Südostanatolien · Braucht etwas Zeit

Lahmacun

Zutaten für 4 Portionen, 8 Pizzen:
Für den Teig: 450 g Mehl + Mehl zum Ausrollen · Salz · 21 g Hefe (½ Würfel)
Für den Belag: 4 Frühlingszwiebeln
2 große Tomaten (300 g)
2 grüne milde oder scharfe Peperoni
2 Bund glatte Petersilie
250 g zweimal durchgedrehtes Lammhackfleisch
2 TL Paprikaflocken (Pulbiber) · Salz
schwarzer Pfeffer, frisch gemahlen
¼ TL gemahlener Kreuzkümmel
2 EL Olivenöl + Öl für die Backbleche
2 mittelgroße rote Zwiebeln (200 g)
1 TL Sumak

Zubereitungszeit: 1 Std. (+ 45 Min. Ruhen + 40 Min. – 1 Std. Backen)

Pro Pizza: 1700 kJ/400 kcal

1 Mehl und Salz in eine Schüssel sieben. Hefe in ¼ l lauwarmem Wasser auflösen, in das Mehl eine Mulde drükken, zu einem Vorteig verrühren und zugedeckt etwa 15 Min. an einem warmen Platz gehen lassen. Alles vermengen, etwa 10 Min. mit den Händen durchkneten, 8 Kugeln formen, zugedeckt etwa 30 Min. gehen lassen. Backofen auf 250° (Gas Stufe 5) vorheizen.

2 Frühlingszwiebeln putzen, waschen und klein würfeln. Tomaten mit kochendem Wasser übergießen, kurz stehenlassen, häuten, Stielansätze herausschneiden und das Fruchtfleisch hacken. Peperoni waschen, längs halbieren, Kerne und Stiele entfernen. Schotenhälften ausspülen und in Streifchen schneiden. Petersilie waschen und trockenschütteln, die Blättchen von 1 Bund Petersilie fein hacken.

3 Gemüse und Kräuter mit Hackfleisch, Paprika, Salz, Pfeffer und Kreuzkümmel verkneten. Backblech einfetten. Teigkugeln auf bemehlter Arbeitsfläche zu tellergroßen Platten ausrollen, je ⅛ der Hackfleischmischung darauf streichen. Je 2 Pizzen auf 1 Backblech setzen, mit etwas Olivenöl beträufelt 10–15 Min. nacheinander im vorgeheizten Backofen (Mitte) backen.

4 Zwiebeln schälen, in feine Ringe schneiden und mit Sumak vermischen. Die Blättchen der übrigen Petersilie abzupfen. Auf die fertigen Lahmacun Zwiebeln und Petersilie verteilen und sofort servieren.

Fladenbrot

Gut vorzubereiten · Gelingt leicht

Pide

Zutaten für 4 Brote:
900 g Mehl
+ Mehl für die Arbeitsfläche
2 TL Salz · 84 g Hefe (2 Würfel)
Sonnenblumenöl für die Backbleche
4 EL Hartweizengrieß · 1 Ei
1 TL Zucker
1 EL Olivenöl + Öl zum Einölen
4 EL Sesamkörner
1 EL Çörekotu (Schwarzkümmel)

Zubereitungszeit: 45 Min. (+ 40 Min. Ruhen + 20–24 Min. Backen)

Pro Brot: 3900 kJ/930 kcal

1 Mehl mit Salz in eine Rührschüssel sieben. Hefe in 600 ml lauwarmem Wasser glattrühren, unter das Mehl mischen. Alles zu einem weichen Teig verarbeiten und etwa 5 Min. kräftig durchkneten, bis er nicht mehr an den Händen klebt. Zugedeckt an einem warmen Platz etwa 30 Min. gehen lassen.

2 Backofen auf 250° (Gas Stufe 5) vorheizen. 2 große Backbleche einfetten. Teig mit bemehlten Händen nochmals kurz durchkneten, zu 4 gleich großen Kugeln formen. Arbeitsfläche mit etwas Mehl und Grieß bestreuen. Jede Kugel mit den Händen zu einem runden Fladen von etwa 25 cm Durchmesser flachdrücken, je 2 auf ein Blech legen. Zugedeckt weitere 10 Min. gehen lassen.

3 Ei mit Zucker und Olivenöl verquirlen, Fingerspitzen einer Hand einölen, damit in die Fladen im Abstand von 4–5 cm ein Rautenmuster eindrücken. Brote mit der Eimischung einpinseln, mit Sesam und Schwarzkümmel bestreuen. Nacheinander in Ofenmitte in 10–12 Min. goldbraun backen.

4 Nach 5–6 Min. Backzeit die Ofentür kurz öffnen. ¼ Tasse kaltes Wasser rasch auf den Ofenboden gießen und die Tür sofort schließen. Brot zu Ende backen. Es läßt sich auch gut einfrieren.

Teigröllchen

Istanbul · Geht schnell

Sigara böreği

Zutaten für 4 Portionen:
200 g Schafkäse (Beyaz peynir)
1 Bund Dill
1 Bund glatte Petersilie
2 fertiggekaufte Yufka-Teigblätter
3/8 l Sonnenblumenöl zum Ausbacken

Zubereitungszeit: 40 Min.

Pro Portion: 2500 kJ/600 kcal

1 Schafkäse mit der Gabel fein zerdrücken. Kräuter waschen und trockenschütteln, die Blättchen fein hacken und unter den Käse mischen.

2 Yufkablätter auf einer Arbeitsfläche ausbreiten, 2 übereinander legen und mit einem scharfen Messer vierteln. Jedes Viertel wie Tortenstücke in 3 gleich große Dreiecke schneiden.

3 Eine Untertasse mit kaltem Wasser bereitstellen. Auf die abgerundeten Seiten jedes Dreiecks jeweils 2 TL der Käsefüllung geben, Ecken leicht einklappen und die Stücke wie Zigaretten bis zur Spitze hin aufrollen. Spitzen mit etwas Wasser bestreichen und an die Röllchen kleben.

4 In eine Pfanne etwa 2 Finger hoch Öl füllen und erhitzen. Teigröllchen darin bei starker Hitze rundherum in etwa 5 Min. goldbraun braten. Auf Küchenpapier entfetten und heiß servieren.

Info: Die Teigröllchen gehören mit zu den beliebtesten Vorspeisen. Sie werden aber auch gerne zum Tee gereicht, wenn sich die türkischen Frauen am Nachmittag zum Plaudern treffen.

Yufka

Aus Yufka, großen dünnen Teigblättern, werden in der Türkei allerlei herzhafte und – mit hauchdünnen Blättern – süße Pasteten, wie Baklava, gebacken. Yufka dient außerdem zum Einwickeln von Käse, wie beim Sigara böreği. Hergestellt werden die Blätter vom Meister dieses Fachs, vom Yufkacı, aber auch von Mädchen und Hausfrauen selbst. Schon das Ausrollen des Teiges ist eine Kunst, die langes Üben erfordert. Zum Ausrollen wird ein dünnes langes Rollholz von 1 ½ cm Durchmesser verwendet. Bei dieser Arbeit sitzen die Frauen vor einer großen runden Holzplatte im Schneidersitz auf dem Boden. In ihrer Nähe ist das Holzfeuer, darauf ein nach oben gewölbtes rundes Backblech, genannt »Saç«. Auf diesem Blech wird auch Saç ekmeği, das dünne, aus der Nomadenzeit stammende Brot, gebacken, das Yufka ähnelt, nur ein wenig dicker und gröber ist als dieses. Umgedreht verwendet man das Blech als Pfanne. Saç ekmeği wird gerne auf Vorrat gebacken, übereinander gestapelt und in Tüchern aufbewahrt. Vor der Verwendung sprengt man es mit Wasser ein, läßt es eine Weile eingewickelt liegen, damit es weich wird. Zum Essen erhält jeder einen Fladen. Yufka gibt es bei uns in türkischen Lebensmittelläden zusammengerollt oder gefaltet zu 3 oder 5 Blättern und in Folie verpackt.

Nach traditionellem Rezept backen die Frauen Saç ekmeği.

Teigtäschchen

Mantı

Mittelanatolien · Braucht etwas Zeit

Zutaten für 4 Portionen:
Für den Teig:
400 g Mehl + Mehl zum Ausrollen
1 TL Salz
1 Ei
Für die Füllung:
250 g zweimal durchgedrehtes Lamm- oder Rinderhackfleisch
1 mittelgroße Zwiebel (100 g)
1 Bund glatte Petersilie
schwarzer Pfeffer, frisch gemahlen
1 TL mildes Paprikapulver
1 Msp. gemahlener Kreuzkümmel
Salz
Für die Saucen:
Kaffeefiltertüte
3 Becher säuerlicher Vollmilchjoghurt (je 175 g)
3 Knoblauchzehen
100 g Butter
1 TL scharfes Paprikapulver

Zubereitungszeit: 2 Std. (+ 30 Min. Ruhen)

Pro Portion: 3300 kJ/790 kcal

1 Mehl in eine Rührschüssel sieben. Salz, Ei und 1/8 l Wasser untermischen und alles etwa 5 Min. zu einem geschmeidigen Teig verarbeiten. In Frischhaltefolie eingewickelt etwa 30 Min. ruhen lassen.

2 Hackfleisch in eine Schüssel geben. Zwiebel schälen und klein würfeln. Petersilie waschen und trockenschütteln, die Blättchen fein hacken. Mit je 1 Prise Pfeffer, Paprikapulver, Kreuzkümmel und Salz würzen. Alles gründlich verkneten.

3 Teig in 5 gleich große Stücke teilen. Jede Portion auf einer gut bemehlten Arbeitsfläche knapp 2 mm dick ausrollen.

4 Quadrate mit etwa 4 cm Seitenlänge ausschneiden. Auf jedes Quadrat 1/2 TL Hackfleischfüllung geben. Die vier Ecken der Teigflecken über der Füllung zusammenfassen und die Spitzen und Ränder mit Daumen und Zeigefinger zusammendrücken, so daß kleine Täschchen entstehen. Auf diese Weise den ganzen Teig verarbeiten.

5 Ein Spitzsieb über eine Schüssel hängen, eine Kaffeefiltertüte hineinstecken, Joghurt einfüllen und etwa 20 Min. abtropfen lassen. Knoblauch schälen.

6 Einen großen Topf mit reichlich Salzwasser zum Kochen bringen. Teigtäschchen in mehreren Portionen jeweils 4–5 Min. im offenen Topf bei schwacher Hitze garen, bis sie an die Oberfläche steigen. Fertige Teigtäschchen mit einem Schaumlöffel herausnehmen und kurz in einem Sieb abtropfen lassen.

7 Butter in einem Pfännchen erhitzen, Paprikapulver hineinrühren. Abgetropften Joghurt in eine Schüssel geben, geschälten Knoblauch durch die Presse dazudrücken und mit Salz verrühren. Teigtäschchen auf vorgewärmte tiefe Teller verteilen. Jede Portion mit etwas Knoblauchjoghurt und heißer Paprikabutter übergießen.

Getränk: Gekühlter Ayran, verdünnter Joghurt, schmeckt gut dazu.

Teigtaschen aus der Pfanne

Mittelmeerküste · Etwas schwieriger

Gözleme

Zutaten für 4 Portionen:
150 g Mehl + Mehl zum Ausrollen
1½ TL Salz
300 g Blattspinat
150 g Schafkäse (Beyaz peynir oder Tulum peyniri)
1 Bund glatte Petersilie
100 ml Sonnenblumenöl zum Braten

Zubereitungszeit: 1 Std. (+ 30 Min. Ruhen)

Pro Portion: 1100 kJ/260 kcal

1 Mehl mit Salz in eine Schüssel sieben. 100 ml warmes Wasser rasch unterarbeiten und alles zu einem glatten, weichen Teig verkneten. Daraus 12 Bällchen formen, diese auf ein bemehltes Brett legen und mit einem feuchten Tuch bedeckt etwa 30 Min. ruhen lassen.

2 Inzwischen Spinat verlesen, die Blätter putzen, gründlich waschen, abtropfen lassen und in dünne Streifen schneiden. Schafkäse in einem tiefen Teller mit der Gabel fein zerdrücken. Petersilie waschen und trockenschütteln, die Blättchen fein hacken und unter den Käse mischen.

3 Auf einer gut bemehlten Arbeitsfläche Teigbällchen zu dünnen runden Blättern von 20–22 cm Durchmesser ausrollen, überschüssiges Mehl vorsichtig abschütteln. Auf jede Blatthälfte 1 EL Käse und ein Häufchen Spinat geben. Die andere Hälfte darüber klappen, Ränder mit einer Gabel festdrücken.

4 In einer Pfanne 1–2 EL Öl erhitzen. Taschen portionsweise von jeder Seite bei mittlerer Hitze in etwa 5 Min. goldbraun braten.

Tip! Teigtaschen zum Schluß mit geschmolzener Butter einpinseln.

Käse

Frischer Schafkäse, türkisch Beyaz peynir, in Blöcke gepreßt, in Lake eingelegt und daher mehr oder weniger salzig, ist der beliebteste Käse der Türkei. Sein Fettgehalt liegt zwischen 35% und 75% i.d.Tr. Der Käse kommt hauptsächlich aus den Regionen Thrakien, Mittelanatolien bei Eskişehir und Ostanatolien bei Kars. Dieses Gebiet liefert auch den Kaşar peyniri, ein Schnittkäse, der, zu großen Laiben geformt, mit dem Alter immer würziger wird.
Ein echter Nomadenkäse ist Tulum peyniri, meist auf der Sommerweide, der Yayla, hergestellt und in Ziegenhäuten zum Abtropfen aufgehängt, so daß er sich durch sein Eigengewicht preßt. Dieser salzige, krümelige Käse wird zu Brot gegessen oder zum Füllen von Börek (Teigpastete) oder Gözleme (Teigtaschen) verwendet. Seltener zu finden ist Dil peyniri, faseriger Zungenkäse, der in Zungenform oder in Strängen geflochten angeboten wird. Er ist ungesalzen, zart schmelzend und wird auch für Desserts verwendet. Lor peyniri ist ein Ziegenfrischkäse. Als Spezialität Ostanatoliens im Gebiet der Stadt Van gilt Otlu peynir – ein krümeliger Frischkäse, gewürzt mit wildem Knoblauch.

Die Türkei bietet einige typische Käsesorten, vor allem aus Schafmilch.

KALTE GEMÜSE-GERICHTE

Der ägäische Raum mit der Region am Marmarameer und das Mittelmeergebiet sind reich an Gemüse. In der Küche der Jahreszeiten spielt es eine Hauptrolle, und die Zubereitungsmöglichkeiten sind vielfältig. Nur als dekorative Beilage serviert man Gemüse höchstens in touristischen Gebieten als Zugeständnis an den europäischen Geschmack. Eine besondere Stellung nehmen die mit Olivenöl, ohne Fleisch gegarten Gemüse ein, die kalt gegessen werden. Man erkennt sie am Rezeptnamen, der den Zusatz zeytinyağlı oder pilaki trägt. Eine Ausnahme bildet Imam bayıldı – »Der Imam fiel in Ohnmacht«. Dieses Auberginengericht, so wird erzählt, wurde nach einem Vorbeter in der Moschee, einem Imam, benannt, dem schon beim Duft dieser Köstlichkeit vor Entzücken die Sinne schwanden. Durch das ausgewogene Würzen mit Salz und Zucker, etwa zu gleichen Teilen, erhalten diese Gemüsegerichte ihren typischen Geschmack. Sie kommen als Vorspeise oder als Zwischengericht, im Sommer auch als leichte Hauptmahlzeit auf den Tisch. Getrocknete weiße Bohnen und Wachtelbohnen, Möhren, Sellerie und Lauch werden auf diese Weise im Winter zubereitet.

Okraschoten in Olivenöl

Ägäisküste · Vegetarisch

Zeytinyağlı bamya

Zutaten für 4 Portionen:
750 g sehr kleine Okraschoten
4 EL Weißweinessig
Salz
1 mittelgroße Zwiebel (100 g)
1 Spitzpaprikaschote
1 TL Zucker
Saft von 1 Zitrone
6 EL Olivenöl, kaltgepreßt
1 Bogen Pergamentpapier
2 große Tomaten (300 g)
1 Bund glatte Petersilie
zum Garnieren

Zubereitungszeit: 40 Min.
(+ 20 Min. Ruhen
+ 30 Min. Garen
+ Abkühlen)

Pro Portion: 890 kJ/210 kcal

1 Okraschoten gründlich waschen und trockentupfen. Mit einem scharfen Küchenmesser Stielansätze vorsichtig bleistiftspitzförmig abschälen (es dürfen keine Löcher entstehen, sonst wird das Gericht schleimig). Geschälte Okraschoten in eine Schüssel legen, mit Essig und 1 guten TL Salz vermischen, etwa 20 Min. ruhen lassen.

2 Inzwischen Zwiebel schälen. Von der Paprikaschote Stielansatz mitsamt Stiel und Kerne entfernen. Schote waschen. Eingelegte Okraschoten gut abspülen und abtropfen lassen. In einem breiten Topf mit der Spitze nach innen strahlenförmig anordnen, so daß in der Mitte eine Vertiefung entsteht. Die ganze Zwiebel und die Paprikaschote in die Vertiefung zwischen die Okraschoten betten. 1 knappen TL Salz und Zucker über das Gemüse streuen. Zitronensaft, Olivenöl und 50 ml Wasser darüber gießen.

3 Das Gemüse mit Pergamentpapier abdecken. Topf schließen und die Okraschoten bei schwacher Hitze in etwa 30 Min. garen, dabei gelegentlich den Topf leicht schütteln. Gemüse im Topf erkalten lassen.

4 Vor dem Servieren Tomaten waschen und achteln, dabei die Stielansätze herausschneiden. Petersilie waschen und trockenschütteln, die Blättchen abzupfen. Das Gericht auf eine Platte geben und mit einem Kranz aus Tomaten und Petersilienblättchen anrichten. Dazu Fladenbrot (S. 65) servieren.

Getränk: Ein gut gekühlter, halbtrockener Rosé, z.B. ein Rosato von Kavaklıdere, paßt gut dazu.

Tip! Um auch im Winter nicht auf das beliebte Gemüse verzichten zu müssen, werden die Okraschoten getrocknet und wie die Perlen einer Kette an den Stielchen aufgefädelt. Allerdings verwendet man zum Trocken nur winzige etwa 1 ½ cm lange Schoten. Die »Okraketten« sieht man beim Bakkal, beim Lebensmittelhändler, von der Decke oder am Regal baumeln. Vor dem Kochen werden die Schoten in reichlich Wasser über Nacht eingeweicht. Man bereitet sie auch zusammen mit Tomaten und Fleisch zu und serviert sie heiß.

Artischocken in Olivenöl

Istanbul · Braucht etwas Zeit

Zeytinyağlı enginar

Zutaten für 4 Portionen:
2 Zitronen
1 EL Mehl
4 große runde Artischocken (1 kg)
4 Schalotten (100 g)
1 große Möhre (150 g)
100 g Sellerieknollen
6 EL Olivenöl, kaltgepreßt
1 knapper TL Salz
1 TL Zucker
schwarzer Pfeffer, frisch gemahlen
1 Bund Dill
50 g tiefgekühlte Erbsen

Zubereitungszeit: 40 Min.
(+ 40 Min. Kochen
+ Abkühlen)

Pro Portion: 1300 kJ/310 kcal

1 1 Zitrone halbieren, die andere auspressen und den Saft in einen breiten Topf gießen. ½ l kaltes Wasser hinzufügen, das Mehl mit dem Schneebesen unterrühren. Artischocken sehr gründlich waschen. Die Blätter bis auf etwa ½ cm über den Artischockenböden abschneiden, das Heu mit einem Teelöffel herausheben. Die Böden ausspülen, mit den Zitronenhälften einreiben, damit sie nicht braun werden.

2 Stiele an den Artischocken bis auf etwa 2 cm einkürzen und dünn abschälen. Die Böden in das vorbereitete Wasser legen. Schalotten schälen und fein hacken. Möhre und Sellerie waschen, putzen, schälen und klein würfeln. Das vorbereitete Gemüse auf den Artischockenböden verteilen.

3 Olivenöl mit Salz und Zucker verrühren und über das Gemüse träufeln. Mit etwas Pfeffer bestreuen und das Gericht bei mittlerer Hitze zugedeckt etwa 30 Min. kochen.

4 Inzwischen den Dill waschen und trockenschütteln, die Blättchen abzupfen. Erbsen in einem Sieb abspülen. Die Hälfte des Dills und die abgetropften Erbsen auf dem Gemüse verteilen und alles in weiteren 10 Min. fertiggaren. Gemüse im Topf erkalten lassen.

5 Auf jeden Teller 1 Artischocke mit dem Stiel nach oben stellen, Gemüse und etwas Sud darauf verteilen, mit dem restlichen Dill garniert als Vorspeise oder als Gemüsegang servieren.

Getränk: Ein trockener Weißwein, z.B. ein Kavaklıdere Muscat von der Ägäis, paßt sehr gut dazu.

Lauch in Olivenöl

Ägäisküste · Vegetarisch

Zeytinyağlı pırasa

Zutaten für 4–6 Portionen:
1 kg Lauch, möglichst dünne Stangen
2 mittelgroße Möhren (200 g)
6 EL Olivenöl
4 EL Langkornreis
1 knapper TL Salz
1 TL Zucker
1 Zitrone

Zubereitungszeit: 20 Min. (+ 40 Min. Garen + Abkühlen)

Bei 6 Portionen pro Portion: 710 kJ/170 kcal

1 Lauch putzen, dabei die grünen Blätter und das äußere Umhüllungsblatt entfernen. Die Stangen im ganzen gründlich waschen, möglichst ohne sie dafür aufzuschneiden, und in etwa 5 cm lange Stücke schneiden. Möhren putzen, schälen und klein würfeln.

2 Öl in einer Kasserolle erhitzen. Das vorbereitete Gemüse bei mittlerer Hitze unter Rühren etwa 10 Min. darin dünsten. ½ l Wasser angießen und kurz aufkochen lassen. Reis in einem Sieb abspülen. Reis, Salz und Zucker unterrühren. Das Gericht zugedeckt bei schwacher Hitze etwa 30 Min. garen. Lauch während der Garzeit gelegentlich vorsichtig umrühren.

3 Das Gemüse in eine Schüssel geben und abkühlen lassen. Er kann lauwarm oder kalt gegessen werden. Vor dem Servieren Zitrone heiß waschen und achteln. Bei Tisch einige Tropfen Zitronensaft über den Lauch träufeln.

Getränk: Gekühlter Ayran, verdünnter Joghurt, schmeckt gut dazu.

Tip! Man kann auch noch 1 große festkochende Kartoffel, in Würfel geschnitten, mitgaren.

Wachtelbohnen in Olivenöl

Wintergericht · Gut vorzubereiten

Barbunya pilakisi

Zutaten für 4–6 Portionen:
1 kg frische oder 250 g getrocknete Wachtelbohnen
1 mittelgroße Zwiebel (100 g)
8 Knoblauchzehen
2 mittelgroße Möhren (200 g)
1 mittelgroße Kartoffel (150 g)
6 EL Olivenöl ·1 EL Tomatenmark
1 knapper TL Salz · 1 TL Zucker
schwarzer Pfeffer, frisch gemahlen
½ Bund glatte Petersilie · 1 Zitrone

Zubereitungszeit: 40 Min. (+12 Std. Einweichen + 45 Min. Garen + Abkühlen)

Bei 6 Portionen pro Portion: 2000 kJ/480 kcal

1 Frische Bohnen entkernen, Kerne in einem Sieb abspülen. Getrocknete in reichlich Wasser über Nacht einweichen und abbrausen. Bohnen, ob eingeweicht oder frisch, mit Wasser bedeckt bei schwacher Hitze etwa 30 Min. vorgaren.

2 Inzwischen Zwiebel und Knoblauch schälen. Möhren und Kartoffel waschen und schälen. Zwiebel in sehr kleine, Möhren und Kartoffel in etwa 1 cm große Würfel schneiden. Olivenöl in einem zweiten Topf erhitzen, Zwiebel bei mittlerer Hitze darin glasig dünsten. Die ganzen Knoblauchzehen und das übrige Gemüse unterrühren und etwa 2 Min. mitdünsten. Tomatenmark, Salz, Zucker und 1 gute Prise Pfeffer gründlich untermischen. ¾ l Wasser angießen und alles aufkochen lassen. Vorgegarte Bohnen heiß in ein Sieb gießen, abtropfen lassen und unter das Gemüse rühren. Alles zugedeckt bei schwacher Hitze in 30–40 Min. weich köcheln. Die Wachtelbohnen dürfen nicht zerfallen.

3 Das Bohnengericht in eine Schüssel geben und zugedeckt kalt werden lassen. Petersilie waschen und trockenschütteln, die Blättchen abzupfen. Zitrone achteln. Bohnen mit Petersilie garnieren, Zitronenachtel zum Würzen dazulegen.

Tip! Auf die gleiche Weise werden auch getrocknete weiße Bohnen zubereitet.

Grüne Bohnen in Olivenöl

Küstenregionen · Sommergericht

Zeytinyağlı taze fasulye

Zutaten für 4 Portionen:
750 g breite grüne Bohnen
2 mittelgroße Zwiebeln (200 g)
2 große Tomaten (300 g)
1 EL Tomatenmark
6 EL Olivenöl
1 knapper TL Salz
1 TL Zucker
1 unbehandelte Zitrone

Zubereitungszeit: 45 Min. (+ 25–35 Min. Garen + Abkühlen)

Pro Portion: 1000 kJ/240 kcal

1 Bohnen waschen, putzen, dabei die Fäden abziehen. Bohnen in etwa 4–5 cm lange Stücke schneiden. Zwiebeln schälen und fein hacken. Tomaten mit kochendem Wasser übergießen, kurz stehenlassen, häuten und halbieren. Stielansätze herausschneiden, Fruchtfleisch würfeln, dabei den Saft auffangen.

2 Das vorbereitete Gemüse mit Tomatensaft und -mark, Olivenöl, Salz und Zucker in einem Topf vermischen und etwa 5 Min. zugedeckt bei starker Hitze kochen. Dabei den Topf einmal schütteln, damit das Gemüse nicht ansetzt.

3 ¼ l Wasser zu den Bohnen geben, umrühren und die Bohnen dann zugedeckt bei mittlerer Hitze 20–30 Min. garen, bis sie weich sind. Gegarte Bohnen in eine Schüssel geben. Zitrone heiß waschen, in dünne Scheiben schneiden und diese auf die Bohnen legen. Das Gericht kalt werden lassen, Zitronenscheiben ausdrücken und entfernen. Bohnen mit Weißbrot servieren. Schafkäse schmeckt gut dazu.

Info: Werden beim Putzen der Bohnen dünne Streifchen entlang der Seiten abgeschnitten, sind damit die Fäden restlos entfernt. Beabsichtigter Nebeneffekt: Die Schoten teilen sich beim Kochen und befreien die zarten Bohnenkerne.

Weinblätter in Olivenöl

Küstenregionen · Pikant

Zeytinyağlı yaprak dolması

Zutaten für 4–6 Portionen:
250 g frische oder eingelegte Weinblätter
Salz
120 g Langkornreis
1 EL winzige Korinthen (Kuş üzümü)
1 mittelgroße Zwiebel (100 g)
8 EL Olivenöl, kaltgepreßt
30 g Pinienkerne
½ TL Zimtpulver
¼ TL Pimentpulver
½ TL Zucker
1 Bund glatte Petersilie
1 Bund Dill
½ unbehandelte Zitrone

Zubereitungszeit: 1 Std.
(+ 45 Min. Garen)

Bei 6 Portionen pro Portion:
1000 kJ/240 kcal

1 Weinblätter auseinandernehmen und locker in einen Topf mit kochendem Salzwasser legen. Frische Weinblätter etwa 1 Min. sprudelnd kochen, eingelegte etwa 5 Min. ziehen lassen, beide in eine Schüssel mit kaltem Wasser tauchen. Reis in einem Sieb abspülen und abtropfen lassen. Korinthen heiß waschen. Zwiebel schälen und fein reiben. 4 EL Olivenöl in einem Topf erhitzen. Zwiebel bei mittlerer Hitze darin glasig dünsten. Reis unterrühren und etwa 1 Min. mitbraten.

2 Pinienkerne dazugeben und unter Rühren mitrösten, bis sie sich gelb färben. Abgetropfte Korinthen, Zimt, Piment, ½ Salz und Zucker untermischen. 350 ml Wasser angießen, aufkochen lassen. Reis zugedeckt bei schwacher Hitze etwa 15 Min. garen, bis das Wasser aufgesogen ist. Im offenen Topf abkühlen lassen.

3 Weinblätter aus dem Wasser nehmen und auf Küchenpapier ausbreiten. Stielchen abschneiden. Kräuter waschen und trockenschütteln, die Hälfte der Blättchen fein hacken und unter den Reis mischen. Den Boden eines mittelgroßen Topfes mit 3–4 Weinblättern auslegen. (Hierfür können Sie die weniger schönen Blätter nehmen.)

4 Auf die anderen Blätter jeweils 1 guter TL Reis auf die Stielseite geben. Diese darüber klappen sowie die beiden Seiten rechts und links einschlagen. Blätter bis zur Spitze aufrollen.

5 Die Röllchen mit der Blattspitze nach unten dicht nebeneinander auf die ausgebreiteten Weinblätter im Topf setzen. Ist der Boden ausgefüllt, weitere Röllchen darüber schichten. Mit 4 EL Olivenöl beträufeln. Zitronenhälfte heiß waschen und in dünne Scheiben schneiden. Zitronenscheiben auf die Röllchen legen.

6 Alles mit einem umgedrehten Teller beschweren. ¼ l Wasser angießen, Deckel aufsetzen und die Röllchen bei schwacher Hitze in etwa 30 Min. garen. Röllchen im Topf erkalten lassen. Zitronenscheiben entfernen, Röllchen auf einer Platte anrichten und mit den restlichen Kräutern garnieren.

Saubohnen in Olivenöl

Küstenregionen · Frühlingsgericht

Zeytinyağlı taze bakla

Zutaten für 4 Portionen:
700 g frische, ganz junge Saubohnenschoten
1 mittelgroße Zwiebel (100 g)
6 EL Olivenöl
1 TL Mehl · ½ TL Zucker
½ TL Salz · 1 Bund Dill
Saft von ½ Zitrone
2 Becher säuerlicher Vollmilchjoghurt (je 175 g)

Zubereitungszeit: 45 Min.
(+ 30 Min. Garen + Abkühlen)

Pro Portion:
2300 kJ/550 kcal

1 Saubohnen gründlich waschen und putzen, dabei die Fäden abziehen. Zwiebel schälen und fein reiben. In einem Topf Olivenöl erhitzen, die geriebene Zwiebel darin glasig dünsten, Bohnen dazugeben. Mehl in ¼ l Wasser glattrühren und über die Bohnen gießen, unter Rühren aufkochen.

2 Zucker und Salz gründlich untermischen und die Bohnen bei schwacher Hitze, je nach Zartheit bzw. Dicke der Schoten, in 25–30 Min. garen.

3 Dill waschen, trockenschütteln und bis auf 1 Zweig grob hacken. Etwa 5 Min. vor Ende der Garzeit der Bohnen Dill und Zitronensaft unterrühren. Bohnen abkühlen lassen. Die restlichen Dillblättchen abzupfen und überstreuen.

4 Joghurt in eine Schüssel geben und mit dem Schneebesen cremig rühren, zu den kalten Bohnen servieren. Jeder gibt bei Tisch 2–3 EL Joghurt an seine Bohnenportion und ißt beides zusammen.

Info: Diese Bohnen werden im milden Klima der Mittelmeerküste bereits Ende Januar, Anfang Februar geerntet. Sie sind eine Delikatesse.

Wintergemüsetopf

Gelingt leicht · Braucht etwas Zeit

Kış türlüsü

Zutaten für 4 Portionen:
2 große Möhren (300 g)
2 große Kartoffeln (250 g)
2 Süßkartoffeln (300 g)
250 g Sellerieknollen
2 mittelgroße Zwiebeln (200 g)
2 dünne Stangen Lauch (150 g)
8 EL Olivenöl
120 g Langkornreis
1 knapper TL Salz
1 knapper TL Zucker
schwarzer Pfeffer, frisch gemahlen
½ TL mildes Paprikapulver
½ Bund Dill
½ Bund glatte Petersilie

Zubereitungszeit: 45 Min. (+ 40 Min. Garen + Abkühlen)

Pro Portion: 1900 kJ/450 kcal

1 Möhren, Kartoffeln, Süßkartoffeln und Sellerie putzen, waschen, schälen und in etwa 2–3 cm große Würfel schneiden. Zwiebeln schälen und kleinhacken. Lauch putzen, dabei harte grüne Blätter entfernen. Die Stangen gründlich waschen und in etwa 2 cm lange Stücke schneiden.

2 Olivenöl in einem Topf erhitzen und das Gemüse bei mittlerer Hitze und unter gelegentlichem Rühren etwa 10 Min. darin dünsten. Reis in einem Sieb abspülen und zum Gemüse geben. Das Ganze mit ¼ l Wasser ablöschen. Mit Salz, Zucker, reichlich Pfeffer und dem Paprikapulver würzen.

3 Das Gemüse zugedeckt bei schwacher Hitze etwa 30 Min. garen, dabei gelegentlich umrühren, es soll nicht zerfallen. Nach Bedarf noch ⅛–¼ l Wasser nachgießen, damit das Gericht saftig bleibt.

4 Gemüse im Topf oder in einer Schüssel abkühlen lassen. Kräuter waschen und trockenschütteln, die Blättchen fein hacken und vor dem Servieren über das Gericht streuen.

Getränke: Gekühlter Ayran, verdünnter Joghurt, oder Bier passen gut dazu.

Info: Kış türlüsü ist ein Hauptgericht. Es wird in der Türkei lauwarm oder kalt gegessen. Es schmeckt jedoch auch heiß wunderbar.

Ankara 1929
75 Cl.

Imam bayıldı

Istanbul · Sommergericht

Der Imam fiel in Ohnmacht

Zutaten für 4 Portionen:
4 kleine Auberginen (800 g)
Salz
2 mittelgroße Zwiebeln (200 g)
2 große Tomaten (300 g)
1 ½ Bund glatte Petersilie
4 grüne milde Peperoni
4 Knoblauchzehen
8 EL Olivenöl
½ TL Zucker

Zubereitungszeit: 45 Min.
(+ 45 Min. Kochen
+ Abkühlen)

Pro Portion: 910 kJ/220 kcal

1 Auberginen waschen. Das Grün rund um die Stielansätze und die Stiele selbst dünn abschälen. Stiele nicht entfernen. Von den Auberginen im Abstand von 2–3 cm evtl. mit dem Sparschäler längs etwa 1 cm breite Streifen Schale abschälen, Schale von der gleichen Breite stehenlassen, bis die Auberginen ganz gestreift sind. Bei einem der abgeschälten Streifen je Aubergine einen tiefen, langen Einschnitt (er dient später als Tasche) anbringen. Die Früchte etwa 15 Min. in kaltes Salzwasser legen.

2 Inzwischen Zwiebeln schälen und in Scheiben schneiden. Tomaten mit kochendem Wasser übergießen, kurz stehenlassen und häuten. Tomaten halbieren, Stielansätze herausschneiden und das Fruchtfleisch würfeln, dabei den Saft auffangen. Petersilie waschen und trockenschütteln, die Blättchen von 1 Bund fein hacken, die von ½ Bund abzupfen und zum Garnieren beiseite stellen. Peperoni waschen, längs halbieren, Kerne und Stiele entfernen, Schoten ausspülen. Knoblauch schälen und in Stifte schneiden. Auberginen aus dem Salzwasser nehmen und abtrocknen.

3 In einer Pfanne 3 EL Olivenöl erhitzen. Auberginen bei starker Hitze rundherum in 5–7 Min. hellbraun anbraten. Die Früchte mit dem Einschnitt nach oben nebeneinander in einen flachen Topf legen. Zwiebelscheiben in der Pfanne mit 2 EL Öl bei mittlerer Hitze glasig dünsten und vom Herd nehmen. Tomatenwürfel mit dem aufgefangenen Saft, gehackter Petersilie, ½ TL Salz, Zucker und die restlichen 3 EL Olivenöl untermischen.

4 Den Einschnitt, der als Tasche dient, mit der Gemüsemischung füllen. Restliches Gemüse auf den Auberginen verteilen. Den Saft aus der Pfanne darüber träufeln. Füllmasse mit Knoblauchstiften spicken.

5 Auf jede Auberginenfüllung 2 Peperonihälften legen. ¼ l Wasser angießen, Gericht aufkochen und bei mittlerer Hitze etwa 10 Min. weiterkochen. Dann etwa 35 Min. schwach köcheln lassen. Gemüse im Topf erkalten lassen und auf einer Platte anrichten. Die abgezupften Petersilienblättchen zum Garnieren nehmen.

Getränk: Ein gut gekühlter, trockener frischer Weißwein, z.B. ein Çankaya von Kavaklıdere, paßt gut dazu.

TÜRK

FISCH UND MEERESFRÜCHTE

Die besondere Liebe der Türken zum Meer, überhaupt zu Wasser, läßt sich am ehesten vor dem Hintergrund ihrer nomadischen Vergangenheit verstehen. Als ihre Vorfahren aus den Steppen Innerasiens nach langer Wanderung an die Meere stießen, die Kleinasien wie eine Halbinsel umfassen, müssen sie Staunen und genießerisches Glück empfunden haben. Fisch und Meeresfrüchte werden heute noch als besondere Geschenke empfunden und gewürdigt. Jeder freut sich auf Saisonspezialitäten, vor allem auf Makrele, Blaufisch, Hamsi – eine Sardellenart – und Muscheln im Winter, auf Sardellen, Seebrasse, Rotbarbe und Schwertfisch im Sommer. Besonders beliebt sind Fische vom Holzkohlengrill, die mit Tomaten, roten Zwiebeln und Rauke (Rucola) angerichtet werden.
Die Vorliebe, Gerichte mit Olivenöl zu garen und kalt zu essen, wendet die türkische Küche auch bei Fisch und Muscheln an. Garen im Ofen ist ebenfalls eine gefragte Zubereitungsart: Garnelen kommen dann in die Auflaufform. Fisch wird in Pergamentpapier eingewickelt.
Jedes Meer beherbergt seine lokalen Gattungen, abgesehen von den flossenbehafteten Wanderern, die sich für keines richtig entscheiden können. Sie pendeln zwischen Schwarzem Meer und Mittelmeer. Am Bosporus sieht man Angler geduldig auf sie warten.

Sardinen in Weinblättern

Ägäisküste · Gelingt leicht

Asma yaprağında sardalya

Zutaten für 4 Portionen:
800 g frische, ausgenommene mittelgroße Sardinen (etwa 24 Stück)
Salz
48 frische oder eingelegte Weinblätter
6 EL Olivenöl, kaltgepreßt + Öl zum Einpinseln
schwarzer Pfeffer, frisch gemahlen
2 Bund glatte Petersilie
Holzspießchen
Saft von 2 Zitronen

Zubereitungszeit:
45 Min.

Pro Portion:
1700 kJ/400 kcal

1 Sardinen schuppen, unter fließendem kaltem Wasser abspülen und innen und außen abtrocknen. Fische innen und außen leicht mit Salz bestreuen, kurz ruhen lassen. Eingelegte Weinblätter etwa 10 Min. in kaltes Wasser legen, frische Weinblätter abspülen, auf Küchenpapier ausbreiten und die glatte Seite mit Olivenöl einpinseln. Grill vorheizen.

2 Sardinen mit Küchenpapier trockentupfen, innen und außen mit Pfeffer bestreuen. Petersilie waschen und trockenschütteln, die Stengel von 1 Bund abschneiden und in jede Sardine 1 Petersilienzweig legen. Sardinen einzeln in je 2 Weinblätter wickeln, mit Holzspießchen verschließen. Wickel mit Olivenöl einpinseln.

3 Sardinen nebeneinander auf den Grillrost legen, von beiden Seiten, je nach Größe, 6–8 Min. grillen. Restliche Petersilienblättchen hacken und in eine Schüssel geben. Zitronensaft mit dem übrigen Olivenöl und 3–4 EL Wasser unter die Petersilie mischen und zu einer Marinade verrühren.

4 Weinblatthüllen der gegrillten Sardinen auf den Tellern öffnen, etwas von der Marinade darüber träufeln und die Fische mit frischem Fladenbrot (S. 65) oder Weißbrot genießen.

Getränke: Rakı oder trockener Weißwein, z.B. ein Villa Neva, passen gut dazu.

Schwertfischspieße

Küstenregionen · Würzig

Kılıçbalığı şişte

Zutaten für 4 Portionen:
800 g Schwertfischsteak
1 große Zwiebel (120 g)
2 EL Zitronensaft
Salz
schwarzer Pfeffer, frisch gemahlen
4 EL Olivenöl, kaltgepreßt
3 grüne milde Peperoni
1 unbehandelte Zitrone
4 lange Metallspieße
12 Lorbeerblätter

Zubereitungszeit: 45 Min.
(+ 1 Std. Marinieren)

Pro Portion: 1100 kJ/260 kcal

1 Fisch unter fließendem kaltem Wasser abspülen, mit Küchenpapier trockentupfen, dann in Würfel von etwa 2,5 cm Seitenlänge schneiden. Zwiebel schälen und in eine Schüssel reiben. Zitronensaft, Salz, 1 Prise Pfeffer und Olivenöl unterrühren. Die Fischwürfel darin wälzen, kühl stellen und etwa 1 Std. marinieren.

2 Peperoni von Stielen und Stielansätzen befreien, waschen und mit den Kernen quer in etwa 2,5 cm lange Stücke schneiden. Zitrone heiß waschen und in so dünne Scheiben schneiden, daß diese sich mühelos zusammenklappen lassen. Grill vorheizen. 4 Grillspieße mit etwas Marinade einpinseln.

3 Abwechselnd Fischwürfel, Peperonistücke, Lorbeerblätter und zusammengeklappte Zitronenscheibchen auf die Spieße stecken. Schwertfischspieße auf dem Grillrost von jeder Seite 5–6 Min. grillen.

Getränke: Rakı oder gut gekühlter, trockener Weißwein, z.B. ein Moskado sek, schmecken gut dazu.

Tip! Garnieren Sie die gegrillten Fischspieße mit Tomatenachteln oder mit Raukeblättern (Rucola). Die feinsäuerliche, leicht scharf schmeckende Rauke wird in der Türkei sehr gerne zu Fisch gegessen. In den einheimischen Fischrestaurants wird nicht selten eine Extraportion davon bestellt.

Seebarsch im Päckchen

Istanbul · Etwas schwieriger

Levrek kağıtta

Zutaten für 4 Portionen:
800 g Seebarschfilet
(ersatzweise Rotbarsch)
80 g Butter
8 Blätter Pergamentpapier
Salz
schwarzer Pfeffer, frisch gemahlen
2 große Tomaten (300 g)
1 Bund glatte Petersilie
1 unbehandelte Zitrone

Zubereitungszeit: 30 Min.
(+ 25 Min. Garen)

Pro Portion: 1600 kJ/380 kcal

1 Backofen auf 175° (Gas Stufe 2) vorheizen. Fisch unter fließendem kaltem Wasser abspülen, mit Küchenpapier trockentupfen und in 8 gleich große Portionen teilen. 40 g Butter in einem Pfännchen zerlassen. Je 2 Papierblätter aufeinanderlegen und die obere Innenseite mit flüssiger Butter dick einpinseln.

2 Auf jedes Blätterpaar ein Fischstück legen, dieses leicht mit Salz und Pfeffer bestreuen. Tomaten waschen, in insgesamt 8 Scheiben schneiden, dabei die Stielansätze entfernen. Tomatenscheiben auf die Fischstücke legen, leicht salzen und pfeffern, mit jedem zweiten Fischstück bedecken.

3 Restliche Butter in Flöckchen auf dem Fisch verteilen. Petersilie waschen und trockenschütteln. 2–3 Blättchen auf jede Portion legen und alles mit etwas Salz und Pfeffer bestreuen. Zitrone heiß waschen, in dünne Scheiben schneiden, auf jedes Fischstück eine Scheibe legen.

4 Papier über dem Fisch zweimal einschlagen, die Seiten zu Spitzen zusammenfalten und diese dann unter die Päckchen stecken. Die Päckchen auf den Rost im Backofen (Mitte) legen und den Fisch in 20–25 Min., je nach Dicke der Filets, garen. Fischpäckchen auf vorgewärmte Teller legen. Faltstellen oben vorsichtig auseinanderziehen. Den Fisch mit der restlichen Petersilie garnieren und im Papier servieren. Dazu paßt frisches Weiß- oder Fladenbrot (S. 65).

Getränk: Ein gut gekühlter, trockener Weißwein, z.B. ein leichter Villa Neva aus dem Marmaragebiet, schmeckt gut dazu.

Gegrillter Blaufisch

Istanbul · Gelingt leicht

Lüfer ızgarası

Zutaten für 4 Portionen:
1 kg küchenfertig vorbereitete Blaufische (4 oder 8 Stück, ersatzweise Makrelen)
2 mittelgroße weiße Zwiebeln (200 g)
1 Bund glatte Petersilie
Salz
schwarzer Pfeffer, frisch gemahlen
2 TL Sonnenblumenöl zum Einpinseln
2 Bund Rauke (Rucola)
2 mittelgroße rote Zwiebeln (200 g)
1 unbehandelte Zitrone

Zubereitungszeit: 30 Min. (+ 30 Min. Marinieren)

Pro Portion: 2100 kJ/500 kcal

1 Fische unter fließendem kaltem Wasser innen und außen abspülen und abtrocknen. Weiße Zwiebeln schälen und in sehr dünne Scheiben schneiden. Petersilie waschen und trockenschütteln, die Blättchen hacken und zu den Zwiebeln geben. Mit Salz und Pfeffer bestreuen. Zwiebelmischung mit der Hand durchkneten. Jeden Fischbauch damit füllen. Fische außen salzen und etwa 30 Min. marinieren. Grill vorheizen.

2 Fische mit Küchenpapier trockentupfen. Bei größeren Fischen an den fleischigen Rücken je 3 Schnitte anbringen. Blaufische mit Öl einpinseln. Raukeblätter waschen und trockenschütteln. Rote Zwiebeln schälen und vierteln. Rauke auf 4 ovale Platten oder Teller verteilen. Zitrone heiß waschen und achteln.

3 Fische von jeder Seite, je nach Größe, auf dem Grillrost 6–8 Min. grillen (die Fische sind gar, wenn sich die Rückenflosse mühelos herausziehen läßt). Gegrillte Blaufische zu den Raukeblättern auf die Platten oder Teller legen. Zitronenachtel mit je 2 Zwiebelvierteln zu den Fischen anrichten und diese sofort servieren.

Getränke: Die Istanbuler trinken dazu Rakı. Ein trockener Weißwein, z.B. Villa Doluca, schmeckt ebenfalls gut dazu.

Info: Lüfer (Blaufisch) wird am Bosporus gefangen und schmeckt am besten zwischen Anfang Oktober und Mitte Januar.

Fisch

Die Türkei bezieht ihren Fisch aus drei Meeren: aus dem Schwarzen Meer, aus dem Ägäischen Meer und aus dem Mittelmeer. Hinzu kommen noch das an Istanbul grenzende Marmarameer und der Bosporus. Das Fischangebot ist in Istanbul besonders sortenreich. Im Fischerort Sariyer weiß man aus Erfahrung, wann welche Fischzüge zu erwarten sind. Lieblingsfisch der Istanbuler ist Lüfer (Blaufisch) und Palamut (Bonito), die gegrillt oder mit Gemüse zubereitet werden.
Vom Schwarzen Meer kommen Kalkan (Steinbutt), Zargana (Nadelhecht), dessen Fleisch beim Braten grünlich wird, und Levrek (Meerbarsch). Eine lokale Spezialität am Schwarzen Meer ist Hamsi, eine Sardellenart, die im Winter in Schwärmen in Küstennähe und am Bosporus auftaucht. Das Ägäische Meer und das Mittelmeer liefern Kılıçbalığı, den beliebten Schwertfisch. Aus diesen Meeren kommen auch Mercan (Rotbrasse), Barbunya (Rotbarbe), Karagöz (Geißbrasse) und Kefal (Meeräsche). An den Gebirgsflüssen im Landesinneren züchtet man Forellen, die gegrillt oder in Butter oder Olivenöl gebraten werden. Die Seen Mittelanatoliens versorgen Nordeuropa mit Süßwasserkrebsen.

Fangfrische Sardinen werden am Goldenen Horn in Istanbul verkauft.

Rotbarben aus dem Ofen

Gut vorzubereiten · Braucht etwas Zeit

Barbunya buğulaması

Zutaten für 4–6 Portionen:
1 kg küchenfertig vorbereitete Rotbarben
Salz
schwarzer Pfeffer, frisch gemahlen
5 EL Olivenöl
4 mittelgroße Tomaten (400 g)
2 mittelgroße Zwiebeln (200 g)
1 Bund glatte Petersilie
1 unbehandelte Zitrone
3 Lorbeerblätter
Pergamentpapier oder Alufolie

Zubereitungszeit: 20 Min.
(+ 35 – 45 Min. Garen)

Bei 6 Portionen pro Portion:
1200 kJ/290 kcal

1 Backofen auf 200° (Gas Stufe 3) vorheizen. Fische unter fließendem Wasser außen und innen abspülen und trockentupfen. Rotbarben mit Salz und Pfeffer bestreuen. Eine große Auflaufform mit 2 EL Olivenöl einpinseln, die Fische nebeneinander hineinlegen.

2 Tomaten waschen und in Scheiben schneiden, dabei die Stielansätze entfernen. Zwiebeln schälen und in dünne Ringe schneiden.

3 Petersilie waschen und trockenschütteln, die Blättchen grob hacken und auf den Fischen verteilen. 3 EL Olivenöl darüber träufeln. Zitrone heiß waschen, in Scheiben schneiden und diese mit den Lorbeerblättern auf das Gericht legen. Alles mit Tomatenscheiben und Zwiebelringen abwechselnd bedecken, mit Salz und Pfeffer bestreuen. Die Auflaufform gut mit Pergamentpapier oder Alufolie abdecken.

4 Auflaufform in den Backofen (Mitte) schieben und die Fische in 30–40 Min. garen. Dann den Backofen auf 225° (Gas Stufe 4) schalten, Papier oder Folie von den Fischen nehmen und diese offen etwa 5 Min. backen. Rotbarben in der Form mit Fladenbrot (S. 65) servieren.

Getränk: Ein trockener Rosé, z.B. ein Lal von Kavaklıdere aus dem Hinterland der Ägäis, paßt gut dazu.

Meeräsche mit Olivenöl

Mittelmeerküste · Gelingt leicht

Kefal pilakisi

Zutaten für 4 Portionen:
1 kg etwa 30–40 cm lange, küchenfertig vorbereitete Meeräschen (ersatzweise Merlan oder Kabeljau)
2 mittelgroße Zwiebeln (200 g)
3 Knoblauchzehen
3 mittelgroße Möhren (300 g)
3 Kartoffeln (300 g) · 6 EL Olivenöl
2 mittelgroße Tomaten (200 g)
1 TL Tomatenmark · Salz · ½ TL Zucker
schwarzer Pfeffer, frisch gemahlen
2 unbehandelte Zitronen
½ Bund Petersilie · ½ Bund Dill

Zubereitungszeit: 30 Min.
(+ 30 Min. Dünsten)

Pro Portion: 1800 kJ/430 kcal

1 Fische unter fließendem kaltem Wasser außen und innen abspülen und trockentupfen. Mit einer Küchenschere Flossen und Köpfe entfernen. Meeräschen mitsamt den Gräten in etwa 2 cm große Stücke schneiden.

2 Zwiebeln und Knoblauch schälen und in dünne Scheiben schneiden. Möhren und Kartoffeln schälen und in etwa 2 cm große Stücke schneiden. Olivenöl in einer Pfanne mit hohem Rand erhitzen. Gemüse bei mittlerer Hitze unter Rühren etwa 10 Min. dünsten.

3 Tomaten mit kochendem Wasser übergießen, kurz stehenlassen, häuten, Stielansätze herausschneiden, das Fruchtfleisch kleinhacken und zum Gemüse geben. Tomatenmark, Salz, Zucker, Pfeffer und ⅛ l Wasser unterrühren und kurz aufkochen lassen. Fischstücke zwischen das Gemüse betten.

4 Zitronen heiß waschen. 1 Zitrone achteln und beiseite stellen, die andere in dünne Scheiben schneiden und damit das Gericht bedecken. Deckel auf die Pfanne setzen und alles bei schwacher Hitze in etwa 30 Min. dünsten. Kräuter waschen und trockenschütteln, die Blättchen hacken. Nach dem Garen Zitronenscheiben entfernen. Kräuter unter das Gericht heben. Dieses lauwarm mit den Zitronenachteln zum Beträufeln servieren.

Muscheln mit Walnußsauce

Istanbul · Braucht etwas Zeit

Taratorlu midye tavası

Zutaten für 4 Portionen:
100 g geschälte Walnußkerne
2 Scheiben Weißbrot (80 g)
Saft von 1 Zitrone
2 EL Sonnenblumenöl
2 EL Walnußöl
1 Knoblauchzehe
Salz
1 ½ kg frische Miesmuscheln
6 EL Mehl
1 EL Stärkemehl
1 Eigelb
4 EL helles Bier
1 Römischer Salat
⅜ l Sonnenblumenöl zum Ausbacken
Holzspießchen, 10–20 cm lang

Zubereitungszeit: 2 Std.

Pro Portion: 2500 kJ/600 kcal

1 Für die Sauce Walnüsse im Blitzhacker fein zerkleinern. Vom Weißbrot Rinde dünn abschneiden, Brot in wenig Wasser einweichen, gut ausdrücken und mit Zitronensaft und Öl zu den Walnüssen geben. Knoblauch schälen und durch die Presse dazudrücken. Alles gut verrühren. So viel Wasser angießen, daß eine dicke Sauce entsteht, mit Salz abschmecken.

2 Muscheln unter fließendem kaltem Wasser entbarten und abbürsten. Bereits geöffnete Muscheln wegwerfen. ¼ l Salzwasser in einem großen Topf aufkochen. Muscheln zugedeckt bei starker Hitze 5–7 Min. dämpfen, dabei den Topf mehrmals rütteln. Muscheln abkühlen lassen. Jetzt noch geschlossene Muscheln wegwerfen.

3 Muschelfleisch aus den geöffneten Schalen herauslösen. Auf einen Teller 3 EL Mehl sieben und die ausgelösten Muscheln darin wälzen. Überschüssiges Mehl abschütteln. Aus dem restlichen Mehl, Stärkemehl, Eigelb und Bier einen dünnflüssigen Teig rühren, diesen leicht salzen. Vom Salat das Herz herausschneiden, waschen und trockenschütteln. Blätter mit Walnußsauce anrichten.

4 Etwa 3 Finger hoch Öl in einer Pfanne erhitzen, bis an einem hineingetauchten Holzstäbchen kleine Blasen aufsteigen. Je 3–4 Muscheln auf ein Holzspießchen stecken, durch den Teig ziehen und in Öl schwimmend in 2–4 Min. goldgelb ausbacken. Auf Küchenpapier entfetten und zu der Sauce reichen.

Garnelen im Tontöpfchen

Istanbul · Gelingt leicht

Karides güveci

Zutaten für 4 Portionen:
4 Schalotten (80 g)
2 Knoblauchzehen
2 große Tomaten (300 g)
2 milde Spitzpaprikaschoten
60 g Butter · 2 Lorbeerblätter
⅛ l trockener Weißwein
Salz
schwarzer Pfeffer, frisch gemahlen
1 Prise Cayennepfeffer
500 g gegarte, geschälte Garnelen
4 EL Kaşar-Käse, frisch gerieben

Zubereitungszeit: 45 Min.

Pro Portion: 1300 kJ/310 kcal

1 Schalotten und Knoblauch schälen und fein hacken. Tomaten mit kochendem Wasser übergießen, kurz stehenlassen, häuten, von den Stielansätzen befreien und das Fruchtfleisch würfeln. Spitzpaprika waschen, längs halbieren, Stiele, Kerne und weiße Rippen entfernen. Schoten ausspülen und in Streifchen schneiden.

2 Backofen auf 225° (Gas Stufe 4) vorheizen. 4 Tonförmchen mit 30 g Butter einfetten. Die restliche Butter in einer Pfanne erhitzen. Lorbeerblätter halbieren und darin kurz anrösten. Gemüse dazugeben und unter Rühren bei starker Hitze etwa 1 Min. dünsten. Wein angießen, aufkochen und das Gemüse bei schwacher Hitze 1 weitere Min. dünsten. Mit Salz, Pfeffer und Cayennepfeffer abschmecken.

3 Garnelen unter das Gemüse mischen und kurz miterhitzen. Dann die Mischung auf die Tontöpfchen verteilen. Den Käse darüber streuen und die Garnelen im Backofen (Mitte) etwa 8 Min. backen, bis sich der Käse zu färben beginnt. Sofort mit frischem Baguette oder Fladenbrot (S. 65) servieren.

Getränke: Ein gekühlter Rosé-Wein von Doluca paßt hervorragend dazu.

Gefüllte Muscheln

Istanbul · Etwas schwieriger

Midye dolması

Zutaten für 4 Portionen:
20 geschlossene große Miesmuscheln
Salz
50 g Langkornreis
1 EL winzig kleine Korinthen (Kuş üzümü)
3 Schalotten (50 g)
4 EL Olivenöl
1 EL Pinienkerne
1 Msp. Zimtpulver
1 Msp. Pimentpulver
½ TL getrocknete Minze
1 Msp. Zucker
2 Dillzweige
Küchengarn
1 unbehandelte Zitrone
1 Bund glatte Petersilie

Zubereitungszeit: 40 Min. (+ 35 Min. Garen + Abkühlen)

Pro Portion: 960 kJ/230 kcal

1 Muscheln unter fließendem kaltem Wasser entbarten und abbürsten. Bereits geöffnete Muscheln herauslesen und wegwerfen. ¼ l Salzwasser in einem großen Topf zum Kochen bringen. Muscheln hineingeben und zugedeckt bei starker Hitze 5–7 Min. dämpfen, bis sie sich geöffnet haben, den Topf zwischendurch mehrmals rütteln. Muscheln in ein Sieb geben und abkühlen lassen. Jetzt noch geschlossene Muscheln wegwerfen, sie sind ungenießbar.

2 Reis in einem Sieb abspülen und abtropfen lassen. Korinthen heiß waschen. Schalotten schälen und fein hacken. Olivenöl in einer Kasserolle erhitzen und Schalotten darin glasig dünsten. Pinienkerne und Reis bei mittlerer Hitze etwa 1 Min. mitbraten. Korinthen, Zimt, Pimentpulver, Minze, Salz und Zucker unterrühren. ⅛ l Wasser angießen. Reis bei schwacher Hitze zugedeckt etwa 20 Min. vorgaren.

3 Reis abkühlen lassen. Dill waschen und trockenschütteln, die Blättchen hacken und untermischen. Je 1 TL Reis in jede Muschel auf das Muschelfleisch geben, die Füllung andrücken.

4 Muscheln schließen, mit Küchengarn umwickeln und nebeneinander in einen Topf legen. ¼ l Wasser angießen, Muscheln bei schwacher Hitze in etwa 15 Min. garziehen und im Topf erkalten lassen.

5 Zitrone heiß waschen und achteln. Petersilie waschen und trockenschütteln, die Stengel einkürzen. Muscheln vorsichtig öffnen, dabei das Küchengarn entfernen, so daß Reis und Muschel auf einer Schale liegen bleiben. Gefüllte Muschelhälften nebeneinander auf einer Platte mit Zitronenachteln und Petersilienzweigen garniert anrichten. Als Vorspeise servieren.

Info: Fliegende Händler verkaufen in den Kneipen vom Çiçek Pasajı in Istanbul diese Muscheln von großen Tabletts. Man ißt sie besonders gerne zu Rakı.

ACI TOZ BIBER
T.S 2419 Net 12 Gr
BAHARATLAR

FLEISCH MIT UND OHNE GEMÜSE

In der kulinarischen Tradition der Türkei spielt Fleisch eine wichtige Rolle. Da es jedoch immer kostbar und heute noch für die meisten Bewohner des Landes recht teuer ist, verwenden es die Hausfrauen sparsam. Meist zu Festtagen, wie auch zum Kurban bayramı, dem Opferfest, werden größere Stücke im Ofen gebraten. Am Schmaus nehmen dann Verwandte, Freunde und Nachbarn teil. In der Alltagsküche werden kleine Mengen Fleisch, häufig in Kuşbaşı – in Vogelkopfgröße – würfelig geschnitten, zusammen mit Gemüse gegart oder als Hackfleisch für Frikadellen oder für Füllungen verwendet. Dabei handelt es sich entweder um Lamm-, Kalb- oder Rindfleisch. Huhn bereitet man ebenso gerne mit Gemüse zu. Schweinefleisch verbietet der Islam. Beliebt sind auch die Gerichte vom Grill, die Izgaralar, wie z.B. Şiş kebap. Mit dem Siegeszug der Osmanen verbreiteten sie sich auf dem ganzen Balkan. Döner kebap, das aufgetürmte Fleisch auf dem sich drehenden Spieß, ist inzwischen in vielen Ländern ein weit verbreiteter und beliebter Imbiß. In der Türkei ist diese Spezialität vor allem in den Städten zu finden. Sie soll aus der alten osmanischen Hauptstadt Bursa stammen. Übrigens ist der Fleischeinkauf in der Türkei in ersten Linie Männersache. Abgepackte Ware gibt es höchst selten. Gekauft wird beim Kasap, beim Fleischer, der seine Ware im ganzen präsentiert und die Stücke so abschneidet, wie der Kunde es wünscht.

Gemüsetopf mit Fleisch

Sommergericht · Gelingt leicht

Güveç

Zutaten für 4 Portionen:
600 g Lamm- oder Kalbfleisch aus der Keule oder Schulter
2 mittelgroße Zwiebeln (200 g)
50 g Butterschmalz
1 TL Tomatenmark
1 TL mildes Paprikapulver
¾ l Fleischbrühe, selbstgekocht oder instant
6 milde Spitzpaprikaschoten
3 große Tomaten (450 g)
3 kleine Auberginen (500 g)
200 g grüne Bohnen
3 mittelgroße Kartoffeln (300 g)
Salz
schwarzer Pfeffer, frisch gemahlen
1 Bund glatte Petersilie

Zubereitungszeit: 45 Min. (+ 1 Std. Garen)

Pro Portion: 2700 kJ/640 kcal

1 Fleisch kalt abspülen, trockentupfen und in etwa 3 cm große Würfel schneiden. Zwiebeln schälen, vierteln und in Streifen schneiden.

2 In einer Kasserolle 25 g Butterschmalz erhitzen. Das Fleisch bei mittlerer Hitze rundherum hellbraun anbraten. Zwiebeln dazugeben und unter Rühren glasig dünsten. Dann Tomatenmark und Paprikapulver untermischen, mit ¾ l Fleischbrühe ablöschen, alles aufkochen und zugedeckt bei mittlerer Hitze etwa 15 Min. vorgaren.

3 Backofen auf 175° (Gas Stufe 2) vorheizen. Spitzpaprika waschen, längs halbieren, Stiele, Kerne und weiße Rippen entfernen. Schoten ausspülen und in Stücke schneiden. Tomaten waschen, von den Stielansätzen befreien und würfeln. Von den Auberginen die Stiele entfernen. Die Früchte waschen und grob würfeln. Bohnen waschen, putzen und in etwa 3 cm lange Stücke schneiden. Kartoffeln schälen, waschen, in Scheiben schneiden.

4 Fleisch mit einem Schaumlöffel aus der Sauce heben und in einen Güveçtopf oder einen Gußeisentopf geben. Gemüse abwechselnd darauf schichten, mit Kartoffeln bedecken, leicht mit Salz und Pfeffer bestreuen. Sauce dazugießen. Das übrige Butterschmalz in Flöckchen darauf setzen. Den Topf zudecken. Gericht im Backofen (Mitte) in etwa 45 Min. garen. Petersilie waschen und trockenschütteln, die Blättchen hacken und über das fertige Güveç streuen. Dieses im Topf servieren.

Variante: Hähnchentopf (Piliç Güveç)
Dafür 1 kleines Hähnchen von etwa 900 g waschen, abtrocknen, in Portionsstücke schneiden, in der Pfanne anbraten, mit dem Gemüse in den Güveçtopf schichten, Hühnerbrühe dazugießen und im Ofen in etwa 45 Min. garen.

Lamm mit Weißkohl

Schwarzmeerküste · Wintergericht

Etli lahana yemeği

Zutaten für 4 Portionen:
600 g Lammfleisch aus der Keule
2 mittelgroße Zwiebeln (200 g)
40 g Butterschmalz
1 EL Tomatenmark · Salz
schwarzer Pfeffer, frisch gemahlen
1 Spitz- oder Weißkohl (1 kg)
½ TL scharfes Paprikapulver

Zubereitungszeit: 40 Min. (+ 50 Min. Garen)

Pro Portion: 2200 kJ/520 kcal

1 Fleisch kalt abspülen, trockentupfen und in etwa 2 cm große Würfel schneiden. Zwiebeln schälen und kleinhacken.

2 Butterschmalz in einer Kasserolle erhitzen und das Fleisch darin anbraten, bis der Saft verdampft ist und die Würfel leicht gebräunt sind. Zwiebeln hinzufügen und glasig dünsten. Tomatenmark unterrühren und ½ l Wasser angießen. Alles mit Salz und Pfeffer würzen. Das Fleisch etwa 10 Min. zugedeckt bei schwacher Hitze garen.

3 Spitz- oder Weißkohl putzen, waschen und vierteln. Den Strunk und harte Rippen entfernen. Die Viertel noch einmal halbieren und quer in Streifen schneiden. Kohlstreifen unter das Fleisch mischen, evtl. noch ⅛ l heißes Wasser dazugeben.

4 Fleisch und Kohl zugedeckt etwa 30 Min. bei schwacher Hitze garen. Mit Salz und Paprikapulver abschmecken. Dazu herzhaftes Weizenbrot reichen.

Weiße Bohnen mit Fleisch

Mittelanatolien · Braucht etwas Zeit

Etli kurufasulye

Zutaten für 4 Portionen:
250 g getrocknete, kleine weiße Bohnen
500 g durchwachsenes Lammfleisch aus der Schulter
2 mittelgroße Zwiebeln (200 g)
2 mittelgroße Tomaten (200 g)
40 g Butterschmalz
1 EL Tomatenmark
1 TL Paprikaflocken (Pulbiber)
50 g Pastırma (Trockenfleisch)
Salz
schwarzer Pfeffer, frisch gemahlen

Zubereitungszeit: 40 Min. (+ 12 Std. Einweichen + 1 Std. Garen)

Pro Portion: 2700 kJ/640 kcal

1 Weiße Bohnen in einem Sieb abbrausen und in reichlich Wasser über Nacht einweichen. Am nächsten Tag das Fleisch kalt abspülen, trockentupfen und in 2–3 cm große Würfel schneiden. Zwiebeln schälen und fein hacken. Tomaten mit kochendem Wasser übergießen, kurz stehenlassen, häuten, Stielansätze herausschneiden und das Fruchtfleisch würfeln.

2 Bohnenkerne abgießen und mit 3/4 l frischem Wasser bedeckt aufkochen, Schaum abschöpfen, Bohnen bei schwacher Hitze offen etwa 15 Min. vorgaren. In einem zweiten Topf Butterschmalz stark erhitzen, Fleisch darin rundherum braun anbraten. Zwiebeln hinzufügen und bei mittlerer Hitze glasig dünsten. Tomatenwürfel dazugeben, kurz mitschmoren, dann Tomatenmark und Paprikaflocken unterrühren.

3 Bohnen mit dem Kochwasser unter das Schmorfleisch rühren. Das Gericht bei schwacher Hitze zugedeckt in 40–45 Min. garen, bis alle Zutaten weich sind. Gewürzschicht vom Pastırma abschaben, diesen in Streifen schneiden und etwa 10 Min. miterhitzen. Gericht mit Salz und Pfeffer abschmecken. Dazu Brot oder Reis reichen.

Info: Zu diesem Bohnengericht wird gerne Turşu, sauer eingelegtes Gemüse, gegessen.

Trockenfleisch

Gut abgehangenes Pastırma ist eine Spezialität aus Kayseri.

Aus der Notwendigkeit, in Perioden des Überflusses dauerhafte Vorräte anlegen zu müssen, entwickelten die Türken eine kulinarische Kunst. Ein Beispiel ist Pastırma, getrocknetes, in einer dicken Gewürzkruste verpacktes Fleisch, das sich auch im heißen anatolischen Sommer aufbewahren läßt. Für das Würzfleisch werden Lende und andere feine Teile vom Kalb oder Rind durch Steinblöcke beschwert, entwässert, gesalzen, luftgetrocknet und mit Çemen, einer Gewürzpaste aus Kreuzkümmel, Bockshornklee, Paprikapulver und Knoblauch, dick eingeschmiert, dadurch luftdicht verpackt und konserviert. Früher wurde getrocknetes Fleisch hauptsächlich vor Beginn des Frühlings gegessen, wenn die Herde nach langem hartem Winter geschont werden mußte. Zentrum der Pastırma-Herstellung ist die mittelanatolische Stadt Kayseri. Dort werden in kleinen Läden am Basar die langen Pastırma-Stücke in Mengen angeboten. Man erhält die Delikatesse inzwischen auch bei uns in türkischen Lebensmittelläden. Vor dem Verzehr wird vom Pastırma der größte Teil der zu kräftig schmeckenden Gewürzkruste entfernt. Man schneidet das Fleisch in hauchdünne Scheiben, serviert sie als Appetithappen zu Rakı oder brät sie mit Eiern in der Pfanne. Pastırma würzt auch den Bohnen- und Kichererbseneintopf. Bei gut abgehangenem Pastırma ist die Kruste trocken.

Spinat mit Hackfleisch

Küstenregionen · Gelingt leicht

Kıymalı ıspanak

Zutaten für 4 Portionen:
1 kg Spinat
2 mittelgroße Zwiebeln (200 g)
30 g Butter
250 g Rinderhackfleisch
80 g Langkornreis
½ l Fleischbrühe, selbstgekocht oder instant
schwarzer Pfeffer, frisch gemahlen
1 Msp. Pimentpulver
½ TL mildes Paprikapulver
Kaffeefiltertüte
2 Becher säuerlicher Vollmilchjoghurt (je 175 g)

Zubereitungszeit: 45 Min. (+ 30 Min. Garen + 20 Min. Abtropfen)

Pro Portion:1600 kJ/380 kcal

1 Spinat verlesen, die Blätter putzen, gründlich waschen, abtropfen lassen und grob hacken. Zwiebeln schälen und fein würfeln.

2 Butter in einem großen Topf erhitzen. Zwiebelwürfel darin glasig dünsten. Hackfleisch hinzufügen, mit dem Kochlöffel fein zerdrücken und unter Rühren bei starker HItze anbraten, bis der Saft verdampft ist und sich das Fleisch leicht bräunt. Auf Mittelhitze schalten.

3 Reis in einem Sieb abspülen, abtropfen lassen und unter das Hackfleisch mischen. Den Spinat unterheben und unter Rühren zusammenfallen lassen. Die Brühe, Pfeffer, Piment- und Paprikapulver einrühren und alles kurz aufkochen. Das Gericht zugedeckt bei schwacher Hitze in etwa 30 Min. garen. Nach Bedarf noch ⅛ l Wasser hinzufügen, damit es sehr saftig bleibt.

4 Spitzspieb über eine Schüssel hängen, eine Kaffeefiltertüte hineinstecken, Joghurt einfüllen und etwa 20 Min. abtropfen lassen. Abgetropften Joghurt in ein Schüsselchen geben. Die Spinat-Hackfleisch-Mischung mit Salz und Pfeffer herzhaft abschmecken und dazu Joghurt servieren. Bei Tisch gibt sich jeder 1–2 EL Joghurt zu dem Gericht und ißt beides zusammen.

Klößchen in Zitronensauce

Deftig · Gelingt leicht

Terbiyeli köfte

Zutaten für 4 Portionen:
500 g Rinderhackfleisch
80 g Langkornreis
2 mittelgroße Zwiebeln (200 g)
1 Bund glatte Petersilie
2 Eier · Salz
schwarzer Pfeffer, frisch gemahlen
1 Msp. Pimentpulver
2 EL Mehl · 30 g Butter
Saft von 1 Zitrone
1 Msp. scharfes Paprikapulver

Zubereitungszeit: 30 Min. (+ 30 Min. Garen)

Pro Portion: 1900 kJ/450 kcal

1 Hackfleisch in eine Schüssel geben. Reis in einem Sieb abspülen und abtropfen lassen. Zwiebeln schälen und sehr fein würfeln. Petersilie waschen und trockenschütteln, die Blättchen hacken. Den Reis, 1 Ei sowie die Hälfte der Zwiebeln und der Petersilie unter das Hackfleisch mischen. Salz, Pfeffer und Pimentpulver hinzufügen. Alles gründlich verkneten.

2 Mit angefeuchteten Händen aus je 1 TL Fleischmasse Klößchen formen. Das Mehl in eine Schüssel sieben. Die Klößchen so lange darin wälzen, bis alle mit einer dünnen Mehlschicht überzogen sind. Das überschüssige Mehl abschütteln.

3 In einem Topf 1¼ l Wasser mit den restlichen Zwiebelwürfeln, Salz und Butter aufkochen. Die Klößchen vorsichtig hineingeben und zugedeckt bei schwacher Hitze etwa 30 Min. garen.

4 Topf von der Kochstelle nehmen. Ei mit Zitronensaft in einer Schüssel verquirlen, in die Brühe im Topf einrühren, leicht erhitzen, bis die Sauce etwas eindickt (sie darf aber nicht kochen, sonst gerinnt sie).

5 Restliche Petersilie in die Sauce geben, mit Salz und Pfeffer abschmekken. Paprikapulver auf die Oberfläche streuen. Klößchen und Sauce in Suppentellern mit Brot servieren.

Gefüllte Auberginen

Mittelanatolien · Etwas schwieriger

Karnıyarık

Zutaten für 4 Portionen:
4 mittelgroße Auberginen (1 kg)
5 EL Olivenöl
2 mittelgroße Zwiebeln (200 g)
5 mittelgroße Tomaten (500 g)
250 g Rinderhackfleisch
1 EL Tomatenmark
Salz
schwarzer Pfeffer, frisch gemahlen
1 Bund glatte Petersilie
2 rote milde oder scharfe Peperoni

Zubereitungszeit: 45 Min.
(+ 30 Min. Backen)

Pro Portion: 1400 kJ/330 kcal

1 Auberginen waschen. Das Grün rund um die Stielansätze dünn abschälen, dabei die Stiele nicht entfernen. Von den Auberginen im Abstand von etwa 1,5 cm längs 1 cm breite Streifen abschälen, bis die Auberginen ganz gestreift sind. Bei einem der abgeschälten Streifen jeder Aubergine jeweils einen langen, tiefen Einschnitt anbringen (er dient später als Tasche). Die Früchte abtrocknen.

2 Backofen auf 175° (Gas Stufe 2) vorheizen. 3 EL Olivenöl in einer Pfanne erhitzen. Auberginen bei starker Hitze rundherum in 5–7 Min. hellbraun anbraten und aus der Pfanne nehmen. Zwiebeln schälen und fein hacken. 4 Tomaten mit kochendem Wasser übergießen, kurz stehenlassen, häuten, die Stielansätze herausschneiden und das Fruchtfleisch würfeln. 1 Tomate waschen und in 4 Scheiben schneiden.

3 Die restlichen 2 EL Olivenöl in der Pfanne stark erhitzen, Hackfleisch unter Rühren so lange anbraten, bis der Saft verdampft ist, dabei die Fleischmasse fein zerdrücken. Zwiebeln dazugeben und glasig dünsten. Tomatenwürfel und Tomatenmark unterrühren und alles bei schwacher Hitze etwa 1 Min. schmoren.

4 Pfanne von der Kochstelle nehmen, Füllmasse mit Salz und Pfeffer abschmecken. Petersilie waschen, trockenschütteln, die Blättchen hacken und daruntermischen. Auberginen mit dem Einschnitt nach oben in eine Auflaufform setzen. Hackfleischmasse in die Taschen füllen, den Rest auf den Auberginen verteilen.

5 Peperoni waschen, längs halbieren, Kerne und nach Belieben Stiele entfernen, Schoten ausspülen und je eine Hälfte zusammen mit jeweils 1 Tomatenscheibe auf jede Aubergine legen. ¼ l Wasser angießen. Die Auberginen etwa 30 Min. im Backofen (Mitte) backen. Ganz heiß servieren.

Getränk: Ein vollmundiger Rotwein, z.B. ein Villa Neva Rot aus dem Gebiet der Ägäis, schmeckt besonders gut dazu.

Tip! Für Gäste lassen sich die Auberginen in größerer Menge in der Fettpfanne des Backofens garen.

Gefüllte Paprikaschoten

Küstenregionen · Braucht etwas Zeit

Etli biber dolması

Zutaten für 4 Portionen:
Für die Füllung:
150 g Langkornreis
2 mittelgroße Zwiebeln (200 g)
1 große Tomate (150 g) · 50 g Butter
1 Bund glatte Petersilie · 1 Bund Dill
2 Zweige frische oder
1 TL getrocknete Minze
400 g Rinderhackfleisch · Salz
schwarzer Pfeffer, frisch gemahlen
1 Msp. Pimentpulver
Außerdem:
12 kleinere runde, dünnschalige
Paprikaschoten (Dolmalık biber)
4 kleinere Tomaten (300 g)
Salz · 1 EL Tomatenmark
350 g säuerlicher Vollmilchjoghurt

Zubereitungszeit: 45 Min.
(+ 40 Min. Garen)

Pro Portion:
2500 kJ/600 kcal

1 Reis in einem Sieb abspülen und mit heißem Wasser bedeckt etwa 15 Min. vorquellen lassen. Inzwischen Zwiebeln schälen und fein hacken. Tomate mit kochendem Wasser übergießen, kurz stehenlassen, häuten, Stielansätze herausschneiden und das Fruchtfleisch klein würfeln.

2 In einem Pfännchen 20 g Butter erhitzen, Zwiebeln darin glasig dünsten. Vorgequellten Reis in einem Sieb abtropfen lassen. Kräuter waschen und trockenschütteln, die Blättchen fein hacken. Tomatenwürfel, gedünstete Zwiebeln, Reis, Kräuter und Hackfleisch mit Salz, 1 Prise Pfeffer und Pimentpulver in eine Schüssel geben. Alles gut miteinander verkneten.

3 Paprikaschoten mit einem spitzen Messer rund um die Stielansätze einschneiden. Stiel mit den Kernen und Rippen vorsichtig herausnehmen. Die Schoten ausspülen, abtropfen lassen und locker mit der Hackfleischmasse füllen. Tomaten waschen, je in 3 Scheiben schneiden, dabei Stielansätze entfernen. Jede Schote mit einer Tomatenscheibe verschließen.

4 Schoten mit der Öffnung nach oben in eine Kasserolle setzen. $^3/_8$ l heißes Wasser mit Salz und Tomatenmark verrühren und angießen. Restliche Butter in Flöckchen auf den Schoten verteilen und das Gericht bei schwacher Hitze zugedeckt in etwa 40 Min. garen. Heiß mit Joghurt servieren.

Tip! Nehmen Sie nur die Hälfte Paprikaschoten, dazu 6 mittelgroße feste Tomaten. Höhlen Sie diese aus, und füllen Sie die Früchte mit der Hackfleischmasse. Setzen Sie die gefüllten Tomaten auf die Schoten, und garen Sie das Ganze zusammen.

Varianten:

Gefüllte Zucchini
(Etli kabak dolması)

Dazu 1,5 kg mittelgroße Zucchini halbieren, mit einem Teelöffel die Hälften in drehenden Bewegungen aushöhlen, bis 1 cm starke Hüllen übrigbleiben, Fruchtfleisch kleinhacken und unter die im Rezept beschriebene Hackfleischmasse mischen. Zucchini füllen, wie die Paprikaschoten in Wasser mit Salz und Butter, aber ohne Tomatenmark garen.

Gefüllte Weinblätter
(Etli yaprak sarması)

Dazu 250 g frische Weinblätter etwa 1 Min. in sprudelndem Salzwasser kochen (eingelegte etwa 5 Min.), auf Küchenpapier ausbreiten. Dann je 1 gehäuften TL der Hackfleischmasse auf die Stielseite geben, diese darüber klappen sowie die beiden Seiten rechts und links einschlagen. Blätter bis zur Spitze aufrollen, in einen flachen Topf schichten und mit einem umgedrehten Teller beschweren, damit sich die gefüllten Weinblätter während des Garens nicht aufrollen können. Wasser mit Salz und Butter dazugeben. Röllchen zugedeckt etwa 30 Min. garen. Abgetropft mit Joghurt servieren.

Fleisch mit Kichererbsen

Mittelanatolien · Wintergericht

Nohut

Zutaten für 4 Portionen:
250 g getrocknete Kichererbsen
400 g durchwachsenes Lamm- oder Kalbfleisch
2 mittelgroße Zwiebeln (200 g)
2 milde Spitzpaprikaschoten
2 mittelgroße Tomaten (200 g)
40 g Butter
1 EL Tomatenmark
schwarzer Pfeffer, frisch gemahlen
½ TL Paprikaflocken (Pulbiber)
Salz
200 g Sucuk (türkische Knoblauchwurst)
½ Bund glatte Petersilie

Zubereitungszeit: 25 Min. (+ 12 Std. Einweichen + 1 Std. 20 Min. Garen)

Pro Portion: 3600 kJ/860 kcal

1 Kichererbsen in einem Sieb abbrausen und in reichlich Wasser über Nacht einweichen. Am nächsten Tag das Fleisch kalt abspülen, trockentupfen und in etwa 2,5 cm große Würfel schneiden. Zwiebeln schälen und fein hacken. Spitzpaprika waschen, Schoten längs halbieren, Stiele, Kerne und weiße Rippen entfernen, Schoten ausspülen und in grobe Stücke schneiden. Tomaten mit kochendem Wasser übergießen, kurz stehenlassen, häuten, Stielansätze herausschneiden und das Fruchtfleisch würfeln.

2 Butter in einem Topf erhitzen und das Fleisch bei starker Hitze in 7–8 Min. rundherum anbraten, bis der Saft verdampft ist und sich die Würfel bräunen. Zwiebeln hinzufügen und bei mittlerer Hitze glasig dünsten. Tomatenwürfel dazugeben und kurz mitgaren. ½ l Wasser angießen und aufkochen lassen. Tomatenmark, Pfeffer und Paprikaflocken unterrühren. Zugedeckt bei schwacher Hitze etwa 20 Min. garen.

3 In einem anderen Topf Kichererbsen im Einweichwasser bei schwacher Hitze etwa 15 Min. offen garen, dabei den Schaum abschöpfen. Kichererbsen mit dem Schaumlöffel aus dem Kochwasser heben und zum Fleisch geben. Paprikaschoten untermischen, nach Bedarf noch ⅛ l kochendes Wasser dazugießen und alles weitere 35–40 Min. zugedeckt sanft garen, bis Fleisch und Kichererbsen weich sind. Gericht mit Salz abschmecken.

4 Die Knoblauchwurst häuten und in Scheibchen schneiden, unter den Eintopf heben und darin 5 Min. mitgaren. Petersilie waschen und trockenschütteln, die Blättchen hacken und unterrühren.

Bedecktes Lamm

Mittelanatolien · Gelingt leicht

Kuzu kapama

Zutaten für 4 Portionen:
1 kg Lammkeule mit Knochen
Salz
2 Knoblauchzehen
schwarzer Pfeffer, frisch gemahlen
1 Bund Frühlingszwiebeln
6 Blätter Römischer Salat oder Mangold
30 g Butter

Zubereitungszeit: 30 Min. (+ 1 Std. 20 Min. Garen)

Pro Portion: 2700 kJ/640 kcal

1 Lammkeule abspülen. Einen Topf zur Hälfte mit Wasser füllen, Salz dazugeben und zum Kochen bringen. Fleisch darin bei schwacher Hitze etwa 20 Min. vorgaren und in einen Schmortopf legen. Brühe aufheben.

2 Knoblauch schälen, mit Salz im Mörser fein zerreiben, Pfeffer unterrühren und die Fleischoberfläche damit einreiben. Frühlingszwiebeln putzen und waschen. Brühe im Topf erhitzen. Salat- oder Mangoldblätter abspülen und mit den Frühlingszwiebeln in der Brühe etwa 5 Min. sprudelnd kochen.

3 Gemüse herausnehmen und leicht abtropfen lassen. Fleisch im Schmortopf zuerst mit Zwiebeln, dann mit Salat- oder Mangoldblättern bedecken. Butter in Flöckchen daraufgeben. ¼ l Brühe angießen und das Fleisch zugedeckt etwa 1 Std. bei schwacher Hitze schmoren.

Info: Dieses Gericht wird gerne im Frühling gegessen, bedeckt mit Blättern von Marul (Römischer Salat).

Ragout des Popen

Istanbul · Gelingt leicht

Papaz yahnisi

Zutaten für 4 Portionen:
800 g Kalbfleisch aus der Keule oder Schulter · 500 g Schalotten
3 mittelgroße Tomaten (300 g)
50 g Butter · 2 EL Rotweinessig
100 ml trockener Rotwein · Salz
schwarzer Pfeffer, frisch gemahlen
1 TL mildes Paprikapulver
½ TL Zimtpulver
1 Prise Pimentpulver
2 kleine Knoblauchknollen
1 Bund glatte Petersilie
1 Prise Cayennepfeffer

Zubereitungszeit: 40 Min. (+ 1 Std. Garen)

Pro Portion: 1400 kJ/330 kcal

1 Fleisch kalt abspülen, trockentupfen und in etwa 3,5 cm große Würfel schneiden. Schalotten schälen. Tomaten mit kochendem Wasser übergießen, kurz stehenlassen, häuten, Stielansätze herausschneiden, Fruchtfleisch würfeln.

2 Butter in einem Bräter erhitzen, Fleisch darin bei starker Hitze rundherum anbraten, bis sich die Würfel bräunen. Ganze Schalotten untermischen und unter Wenden bei mittlerer Hitze mitbraten, bis sie glasig werden. Tomatenwürfel hinzufügen und kurz mitschmoren. Essig, Rotwein und ⅛ l Wasser angießen. Mit Salz, Pfeffer, Paprika-, Zimt- und Pimentpulver würzen und alles aufkochen.

3 Knoblauch abspülen. Die Knollen ungeschält, im ganzen, zwischen die anderen Zutaten setzen. Das Ragout zugedeckt etwa 1 Std. bei schwacher Hitze garen, gelegentlich umrühren. Nach ½ Std. Garzeit ⅛ l heißes Wasser nachgießen. Das Gericht fertiggaren, bis das Fleisch weich ist. Petersilie waschen und trockenschütteln, die Blättchen hacken. Das Ragout mit Salz und Cayennepfeffer pikant abschmecken. Petersilie darüber streuen. Mit Fladenbrot (S. 65) servieren.

Auf Basaren werden Gewürze in farbenfroher Vielfalt angeboten.

Gewürze & Kräuter

Der Besuch eines türkischen Gewürzbasars ist ein Fest für die Sinne. Aus großen Säcken duftet es nach Zimt, Kreuzkümmel und Pfeffer. Zu den Gewürzen und Kräutern, die in der türkischen Küche häufig verwendet werden, gehören schwarzer Pfeffer, mildes und scharfes Paprikapulver und Kırmızı pulbiber, geschrotete dunkelrote Paprikaflocken mit kräftigem Aroma. Sie werden gerne bei Tisch über gegrilltes Fleisch gestreut, genau wie getrockneter Oregano. Beim Köfteci, in den Grill-Lokalen, stehen Schälchen damit zur Selbstbedienung auf dem Tisch. Für Hackfleischgerichte sind Kreuzkümmel und Piment unentbehrlich. Ragouts und Gemüsefüllungen mit Reis gibt man gerne eine Prise Zimt bei. Sumak, ein violettes, säuerliches Pulver aus der Frucht des Essigbaums, wird zum Würzen von Bohnensalat und rohen Zwiebeln verwendet. Çörekotu, Schwarzkümmel, streut man mit Sesam auf Fladenbrot. Man kann etwas Çörekotu auch auf Schafkäse geben. Thymian kommt in Fleisch- und Eintopfgerichte; frische oder getrocknete Minze in Gemüsefüllungen mit Reis, in Käsefüllungen für Pasten und in Suppen. Kombiniert wird Minze gerne mit Dill und Petersilie.

Adana-Spieße

Südostanatolien · Braucht etwas Zeit

Adana kebabı

Zutaten für 4 Portionen:
800 g Hackfleisch vom Lamm oder Rind
1 mittelgroße Zwiebel (100 g)
Salz
schwarzer Pfeffer, frisch gemahlen
1 TL Paprikaflocken (Pulbiber)
1 gute Msp. Kreuzkümmel
1 Msp. Pimentpulver
4 mittelgroße Tomaten (400 g)
8 grüne scharfe oder milde Peperoni
8 möglichst etwa 1 cm breite, flache Metallspieße
2 EL Olivenöl zum Einpinseln
4 kleine Fladenbrote (S. 65)
1 Bund glatte Petersilie

Zubereitungszeit: 1 Std.

Pro Portion: 2100 kJ/500 kcal

1 Hackfleisch in eine Schüssel geben. Zwiebel schälen und fein dazureiben. Salz, 1 gute Prise Pfeffer, Paprikaflocken, Kreuzkümmel und Pimentpulver hinzufügen, alles gründlich miteinander verkneten und etwa 10 Min. ruhen lassen.

2 Grill vorheizen. Tomaten und Peperoni waschen und abtrocknen. Tomaten quer halbieren, Stielansätze herausschneiden. Metallspieße leicht einölen. Gewürztes Hackfleisch in 8 Portionen teilen. Jede Portion wie eine 12–15 cm lange Wurst um die Spieße formen, diese etwas flachdrücken. Hackfleisch mit Öl einpinseln. Die Schnittflächen der Tomaten und die Fladenbrote ebenfalls mit Öl bestreichen.

3 Spieße in die Grillmitte oder in die Mitte auf den Rost unter die Grillschlange, ganze Peperoni an den Rand legen. Hackfleischspieße von jeder Seite 5–6 Min. grillen. Peperoni umdrehen. In den letzten 5 Min. am Rand Tomatenhälften mitgrillen, das Fladenbrot auf dem Rost aufbacken.

4 Petersilie waschen und trockenschütteln, die Stengel einkürzen. Die Spieße mit dem gegrillten Gemüse und der Petersilie auf dem in Streifen geschnittenen Fladenbrot anrichten.

Getränk: Man trinkt dazu Rakı, mit Eiswasser verdünnt.

Varianten:

Spieße mit Frikadellen (Şiş köfte)

Dazu Hackfleisch mit Zwiebeln, den angegebenen Gewürzen ohne Paprikaflocken, 1 kleinen, in warmem Wasser eingeweichten und ausgedrückten Brötchen und 1 Ei gut verkneten. Aus je 1 knappen EL Hackfleisch ovale flache Frikadellen formen, diese abwechselnd mit Tomatenvierteln und Paprikastücken auf Metallspieße stecken und grillen. Vor dem Servieren mit etwas getrocknetem Oregano bestreuen.

Gebratene Hackfleischröllchen (Köfte)

Für dieses beliebte Gericht das Hackfleisch wie bei »Spieße mit Frikadellen« vorbereiten und zu daumenlangen und daumendicken Röllchen formen. Diese mit 5 EL Olivenöl in der Pfanne braten oder von beiden Seiten grillen. Jeder würzt sich am Tisch seine Köfte selber mit getrocknetem Oregano. Man kann dazu Reis oder fritierte Kartoffelstücke und Hirtensalat (S. 41) servieren.

Info: Diese Fleischspieße tragen den Namen der Stadt Adana im Süden des Landes. In dieser Region sind die Sommer besonders heiß, und es wird auch feurig gegessen. Um die Schärfe zu mildern, übergießt man die eine Hälfte des Kebaps auch gerne zuerst mit etwas Tomatensauce, die andere mit cremig geschlagenem Joghurt und träufelt über alles etwas heiße schäumende Butter.

Röstfleisch auf Hirtenart

Mittelmeerküste · Gelingt leicht

Çoban saç kavurması

Zutaten für 4 Portionen:
600 g Lammfleisch aus der Keule mit dünner Fettschicht, ohne Knochen
100 g Schalotten
2 mittelgroße Tomaten (200 g)
3 milde Spitzpaprikaschoten
150 g Waldpilze oder kleine Champignons
40 g Butter
1 TL getrockneter Thymian
Salz
schwarzer Pfeffer, frisch gemahlen
1 Fladenbrot (S. 65)
1 Bund Frühlingszwiebeln
1 Bund glatte Petersilie

Zubereitungszeit: 45 Min.

Pro Portion: 2000 kJ/480 kcal

1 Fleisch waschen und abtrocknen. Fett wegschneiden und klein würfeln. Fleisch in etwa 1 cm große Würfel schneiden. Schalotten schälen, größere halbieren. Tomaten mit kochendem Wasser übergießen, kurz stehenlassen, häuten, Stielansätze herausschneiden und das Fruchtfleisch würfeln. Spitzpaprika waschen, längs halbieren, Stiele, Kerne und weiße Rippen entfernen. Schoten ausspülen und in Streifchen schneiden. Pilze putzen, kurz überbrausen und abtropfen lassen.

2 Backofen auf 150° (Gas Stufe 1) vorheizen. Einen Wok, der dem türkischen Saç ähnelt, oder eine Gußeisenpfanne stark erhitzen. Fettwürfel darin auslassen. Fleisch dazugeben und etwa 10 Min. rundherum anbraten. Butter und Gemüse hinzufügen und etwa 1 Min. rührend dünsten. Pilze und Thymian untermischen und weitere 2 Min. mitbraten, dann auf schwache Hitze herunterschalten. Alles etwa 5 Min. schmoren. Mit Salz und Pfeffer würzen.

3 Fladenbrot in den Backofen (Mitte) legen. Frühlingszwiebeln putzen, waschen und längs halbieren. Petersilie waschen und trockenschütteln, die Stengel abschneiden. Fladenbrot aus dem Backofen nehmen und vierteln. In jedes Viertel eine Tasche einschneiden und je eine Portion Fleisch mit Gemüse hineinfüllen. Petersilie und Frühlingszwiebeln darauf verteilen oder dazu essen.

Tip! Man kann das Fleisch auch mit Bulgur oder Reis servieren. In Anatolien wird es in Saç ekmeği, sehr dünne Brotfladen, gewickelt und gegessen.

Leber albanische Art

Istanbul · Geht schnell

Arnavut ciğeri

Zutaten für 4 Portionen:
4 mittelgroße rote Zwiebeln (400 g)
Salz
1 Bund glatte Petersilie
1 gestrichener TL Sumak (Salatgewürz)
600 g Lamm- oder Rinderleber
3 EL Mehl
8 EL Sonnenblumenöl
schwarzer Pfeffer, frisch gemahlen
1 gute Prise Cayennepfeffer
2 mittelgroße Tomaten (200 g)

Zubereitungszeit: 45 Min.

Pro Portion: 1900 kJ/450 kcal

1 Zwiebeln schälen und in dünne Ringe schneiden. Mit Salz bestreuen, mit der Hand durchkneten und etwa 10 Min. stehenlassen. Zwiebeln kalt abbrausen und gut abtropfen lassen. Petersilie waschen und trockenschütteln, die Blättchen fein hacken und mit Sumak unter die Zwiebelringe mischen.

2 Leber kurz abspülen, trockentupfen, von Häutchen und Sehnen befreien und in etwa 1 cm breite Streifen und 2,5 cm lange Stücke schneiden. Mehl auf einen Teller sieben. Leberstücke darin wälzen, überschüssiges Mehl abschütteln.

3 Öl in einer Pfanne erhitzen. Leber portionsweise bei starker Hitze in etwa 4 Min. rundherum braun braten und auf Küchenpapier entfetten. Mit Salz, Pfeffer und Cayennepfeffer bestreuen und auf eine vorgewärmte Platte geben. Zwiebeln daneben anrichten. Tomaten waschen, von den Stielansätzen befreien und achteln. Das Gericht mit den Tomatenachteln garnieren.

Info: Dieses Lebergericht wird auch lauwarm gegessen. Es stammt von der albanischen Minderheit, die sich bei Istanbul in Arnavutköy am Bosporus ansiedelte.

Frauenschenkel-Frikadellen

Deftig · Warm und kalt

Kadınbudu köfte

Zutaten für 4 Portionen:
1 große Zwiebel (150 g)
50 g Langkornreis
50 g Butter
Salz
750 g Rinderhackfleisch
3 Eier
schwarzer Pfeffer, frisch gemahlen
1 Msp. Pimentpulver
1 Bund glatte Petersilie
2 EL Mehl
8 EL Sonnenblumenöl

Zubereitungszeit: 45 Min.
(+ 20 Min. Garen
+ Abkühlen)

Pro Portion: 3400 kJ/810 kcal

1 Zwiebel schälen und fein würfeln. Reis in einem Sieb abspülen und abtropfen lassen. 25 g Butter in einem Topf erhitzen und die Zwiebelwürfel darin glasig dünsten. Reis untermischen und kurz mitbraten. 200 ml Wasser angießen und mit Salz würzen. Reis zugedeckt bei schwacher Hitze in etwa 20 Min. garen, ausquellen und abkühlen lassen.

2 Die Hälfte des Hackfleisches in 25 g Butter anbraten, dabei die Fleischmasse fein zerdrücken. Hackfleisch abkühlen lassen. Mit dem rohen Hackfleisch und 2 Eiern zum Reis geben. Salz, eine gute Prise Pfeffer und Pimentpulver dazugeben. Petersilie waschen und trockenschütteln, die Blättchen fein hacken und mit den übrigen Zutaten gründlich unter die Fleischmasse kneten.

3 Mehl auf einen Teller sieben. Das übrige Ei in einem tiefen Teller verquirlen. Öl in einer Pfanne erhitzen. Aus je 2 EL Fleischmischung ovale Frikadellen formen. Diese zuerst in Mehl, dann im verquirlten Ei wenden und bei mittlerer Hitze von jeder Seite in 2–3 Min. goldbraun braten. Die Frikadellen schmecken warm und kalt.

Info: Der Name der Frikadellen stammt von der Form, die Frauenschenkeln gleichen soll.

Tip! Die Frikadellen mit geviertelten Salatherzen und Tomatenscheiben anrichten.

Fleischspießchen vom Grill

Sommergericht · Gelingt leicht

Şiş kebap

Zutaten für 4 Portionen:
600 g Lammfleisch aus der Keule, ohne Knochen
1 große Zwiebel (150 g)
Salz
schwarzer Pfeffer, frisch gemahlen
4 EL Olivenöl, kaltgepreßt, + Öl für die Spießchen
2 EL Zitronensaft
6 kleinere Tomaten (300 g)
8 rote milde oder scharfe Peperoni
8 Metallspießchen
1 Bund glatte Petersilie
2 TL getrockneter Oregano

Zubereitungszeit: 1 Std. (+ 4 Std. Marinieren)

Pro Portion: 2000 kJ/480 kcal

1 Fleisch kalt abspülen, trockentupfen und in etwa 2 cm große Würfel schneiden. Zwiebel schälen, fein reiben, den Saft in eine Schüssel drücken. Salz, Pfeffer, Olivenöl und Zitronensaft unterrühren, das Fleisch in der Marinade wenden, mindestens 4 Std. zugedeckt im Kühlschrank durchziehen lassen.

2 Tomaten waschen, vierteln, Stielansätze herausschneiden und Kerne mit einem Teelöffel ausschaben. Peperoni waschen, Stielansätze entfernen. 4 Schoten mit den Kernen quer in etwa 2 cm große Stücke schneiden.

3 Grill vorheizen. Metallspießchen einölen. Abwechselnd Fleischwürfel, Tomatenviertel und Peperonistücke aufstecken. Spießchen auf dem Rost von jeder Seite 5–6 Min. grillen. Dabei die restlichen 4 Peperoni an den Grillrand legen. Petersilie waschen und trockenschütteln, die Stengel einkürzen. Petersilie auf 4 Teller legen, je 2 Spieße mit 1 gegrillten Peperoni darauf anrichten und mit Oregano bestreuen.

Getränk: Ein trockener Villa Doluca Rosé oder Rot paßt ausgezeichnet dazu.

Variante: Lammkoteletts vom Grill (Pirzola ızgarası)
Dafür 8 Lammkoteletts, vom türkischen Metzger mit »Stielchen« zum Anfassen geschnitten, marinieren und grillen. Das Gemüse am Grillrand mitrösten. Fleisch mit Oregano bestreuen. Reichen Sie dazu Fladenbrot, das Sie leicht eingeölt und auf dem Grill aufgebacken haben. Dazu ißt man auch ganze Frühlingszwiebeln oder Salat.

Hähnchen in Auberginenpüree

Istanbul · Braucht etwas Zeit

Beğendili piliç

Zutaten für 4 Portionen:
1 kg kleine Auberginen
Saft von 1 Zitrone
80 g Butter
1 gehäufter EL Mehl
3/8 l Milch
3 EL Kaşar-Käse, frisch gerieben
Salz
1 küchenfertiges Hähnchen (etwa 1,2 kg)
3 Schalotten
3 große Tomaten (450 g)
1/2 TL getrockneter Thymian
schwarzer Pfeffer, frisch gemahlen
1 Bund glatte Petersilie

Zubereitungszeit: 45 Min. (+ 30 Min. Rösten + 30 Min. Garen)

Pro Portion: 3100 kJ/740 kcal

1 Backofen auf 250° (Gas Stufe 5) vorheizen. Auberginen waschen, abtrocknen und im Backofen (Mitte) 20–30 Min. rösten, bis die Haut braun und runzelig wird. Auberginen kurz mit kaltem Wasser abschrecken und vom Stiel aus häuten. Die Früchte halbieren und die dunklen Kerne herausschaben. Auberginenfleisch sehr fein hacken, in eine Schüssel geben, sofort mit Zitronensaft beträufeln und beiseite stellen.

2 In einer Kasserolle 30 g Butter erhitzen. Mehl bei mittlerer Hitze darin hell anschwitzen. Auberginenmus mit dem Schneebesen kräftig unterrühren. Milch nach und nach dazugießen und unter Rühren aufkochen lassen. Etwa 2 Min. bei schwacher Hitze köcheln, bis die Masse dick wird, dann beiseite stellen. Käse mit 20 g Butter untermischen. Püree mit Salz abschmecken.

3 Hähnchen waschen, abtrocknen und in 8 Portionen teilen. Schalotten schälen. Tomaten mit kochendem Wasser übergießen, kurz stehenlassen, häuten, die Stielansätze herausschneiden und das Fruchtfleisch würfeln. 30 g Butter in einer Kasserolle erhitzen, Geflügelstücke bei starker Hitze auf jeder Seite etwa 10 Min. hellbraun anbraten, dann auf einen Teller legen.

4 Schalotten im Fett der Kasserolle glasig dünsten. Tomatenwürfel bei mittlerer Hitze etwa 3 Min. schmoren. 1/4 l Wasser angießen, aufkochen, mit Thymian, Salz und Pfeffer abschmecken. Geflügelstücke hinzugeben, zugedeckt in etwa 30 Min. bei schwacher Hitze garen. Auberginenpüree erhitzen und auf Teller verteilen. Geflügelstücke mit Sauce darauf anrichten. Petersilie waschen, trockenschütteln, mit den Blättchen die Portionen garnieren.

Hühnerfleisch-Röllchen

Gaziantep · Würzig

Piliç sarması

Zutaten für 4 Portionen:
4 Stücke ausgelöste Hühnerbrust (etwa 400 g) · Salz
schwarzer Pfeffer, frisch gemahlen
100 g geschälte Pistazien
50 g junger Kaşar-Käse
Holzspießchen
1 Eiweiß · 3 EL Sonnenblumenöl
1 TL Mehl · Saft von 2 Orangen
Cayennepfeffer
4 Orangenscheiben zum Garnieren

Zubereitungszeit: 45 Min.

Pro Portion: 1600 kJ/380 kcal

1 Hühnerbrust waschen und abtrocknen. Die Stücke flach auf ein Schneidebrett legen und mit einem scharfen Messer quer in der Mitte teilen, so daß insgesamt 8 dünne Scheiben entstehen. Diese leicht mit Salz und Pfeffer bestreuen.

2 Die Hälfte der Pistazien im Blitzhacker fein zerkleinern und auf den Scheiben verteilen. Käse in 8 kleine dünne Scheibchen schneiden und darauf legen. Geflügelscheibchen zusammenrollen, die Enden mit Holzspießchen befestigen. Eiweiß in einem tiefen Teller verquirlen. Restliche Pistazien etwas gröber hacken und auf einem Teller verteilen. Geflügelröllchen erst in Eiweiß wenden, dann in den gehackten Pistazien wälzen. Die Nüsse andrücken.

3 Öl in einer Pfanne erhitzen. Röllchen bei mittlerer Hitze rundherum 8–10 Min. braten, dann herausnehmen und warm stellen. Mehl im Fett derselben Pfanne anschwitzen, mit Orangensaft ablöschen und kurz aufkochen. Mit wenig Salz und Cayennepfeffer abschmecken. Sauce an die Röllchen gießen und servieren. Mit halbierten Orangenscheiben garnieren.

GEBÄCK UND SÜSSE SPEISEN

Engelshaar-Dessert und Nachtigallennest – so märchenhaft wie ihre Namen, so verführerisch sind alle die köstlichen Süßspeisen, die uns die türkische Küche bietet. Auf großen runden Tabletts wirkungsvoll angerichtet, locken sie in den Auslagen des Baklavacı, des Meisters dieser Spezialitäten. Ihr Ursprung liegt in der feinen Hofküche des Sultans, im Topkapı-Palast von Istanbul. Hier bemühte sich ein Heer von Spezialisten, mit immer raffinierteren süßen Kreationen den Harem zu verwöhnen. Die Küche des einfachen Volkes steuerte ihre eigene Süßspeisen-Tradition bei, köstliche Halwa-Variationen aus Sesam oder Weizen, Pudding aus Reismehl, Desserts aus frischem Obst und Trockenfrüchten. Zum Naschen steht außerdem noch Reçel bereit, das sind in Sirup eingekochte Früchte, einer Konfitüre ähnlich. Bekannt ist auch Lokum, Geleewürfel, die gerne den Gästen angeboten werden – unmöglich, alle Süßspeisen aufzuführen. Einige Köstlichkeiten, wie z.B. Baklava, sind in ihrer Herstellung recht kompliziert, so daß viele türkische Hausfrauen diese Arbeit gerne dem Meister des süßen Handwerks überlassen und bei ihm einkaufen. Einfacher, doch nicht minder lecker sind einige der traditionellen Süßspeisen in der Alltagsküche nach den folgenden Rezepten. Man genießt sie selten als Nachspeise, sondern als eine Leckerei zwischendurch oder wenn Besuch kommt. Dazu reicht man in der Regel ein Glas frisches Wasser. Sie können aber auch türkischen Mokka dazu servieren.

Baklava

Gut vorzubereiten · Etwas schwieriger

Blätterteigschnitten

Zutaten für 8–10 Portionen, für eine runde Kuchenform von 30–32 cm Ø:

Für den Teig:

1 kg Mehl · 4 Eier

40 ml Sonnenblumenöl · Salz

200 g Speisestärke

Für die Füllung:

200 g grobgemahlene Haselnüsse

3 EL Puderzucker · Backpapier

150 ml Sonnenblumenöl

+ Öl für die Form

Für den Sirup:

300 g Zucker

Saft von 1 Zitrone

Zum Bestreuen:

50 g grobgemahlene Haselnüsse

Zubereitungszeit: 3 Std. (+ 2 ½ Std. Ruhen + 30 Min. Backen)

Bei 10 Portionen pro Portion: 3900 kJ/930 kcal

1 Mehl auf die Arbeitsfläche sieben und in der Mitte eine tiefe Mulde bilden. Eier aufschlagen und mit Öl hineingeben. 225 ml kaltes Wasser abmessen, ⅓ davon zu den Eiern gießen. 1 gestrichenen EL Salz auf den Mehlrand streuen. Mit einem Teigspatel Zutaten in der Mulde vermischen, dabei Mehl vom Rand unterrühren. Nach und nach Wasser dazugeben und immer mehr Mehl untermengen, dann alle Zutaten gründlich verkneten, bis ein elastischer Teig entstanden ist.

2 Teig mit den Handflächen und -ballen nach vorne und nach hinten reißend etwa 10 Min. kneten, dabei zu einer etwa 60 cm langen Rolle formen. Je ⅓ der Seiten über Kreuz legen, die Enden unter den Mittelteil stecken (als ob man seine Arme vor der Brust kreuzen und die Hände unter die Achselhöhlen stekken würde). Teig mit einem feuchten Tuch bedeckt etwa 20 Min. ruhen lassen.

3 Danach Teig der Länge nach strekken, mit den Handballen kräftig durchkneten, wieder zu einer Rolle formen und unter dem feuchten Tuch erneut etwa 20 Min. ruhen lassen. Diesen Vorgang noch zweimal wiederholen. Teig zu einer gleichmäßigen, etwa 2,5 cm dünnen Rolle formen, diese in 22 gleich große Stücke schneiden.

4 An den Rand der Arbeitsfläche etwas Speisestärke häufen. Schnittstellen von 2 Teigstücken leicht hineinstupsen, diese aufstellen und mit den Handflächen zart, in leicht drehenden Bewegungen zu Fladen von 8–9 cm Durchmesser flachdrücken. Sie müssen in der Mitte dick und zu den Rändern hin dünner sein. Fladen leicht mit Speisestärke bestäuben, aufeinanderlegen, zusammen noch einmal leicht flachdrücken. Das untere Stück auf das obere legen, das Ganze wiederholen, dann beiseite legen. Alle Teigstücke so formen und unter einem feuchten Tuch etwa 20 Min. ruhen lassen.

5 Jeden Fladen zu runden Teigplatten von etwa 20 cm Durchmesser so ausrollen, daß die Mitte dicker bleibt. Dazu immer von der Mitte aus zu den Rändern rollen. Speisestärke in ein kleines Sieb geben und die Platten von beiden Seiten gut bestreuen. Jeweils 1/3 der Platten aufeinandergelegt mit einem feuchten Tuch bedecken. Alle Platten etwa 45 Min. ruhen lassen. Für die Füllung Nüsse mit Puderzucker und 75 ml Wasser verrühren.

6 Zum fertigen Ausrollen der hauchdünnen Teigblätter (Yufka) sind ein orientalisches Rollholz (Oklava) und eine große Arbeitsfläche (am besten aus Marmor) erforderlich. Von der ersten Teigplatte mit einem breiten Pinsel feuchte Stärke entfernen, mit trockener Stärke besieben. Teig von der Mitte aus zuerst mit einer Backrolle, dann mit dem Rollholz auf einen Durchmesser von mindestens 50–60 cm ausrollen. Dazu Rand über das Holz legen und die Platte aufrollen, Holz an den Enden festdrückend 4–5mal nach vorne und hinten bewegen, Platte ganz aufrollen und an einem anderen Randteil ansetzend das Ganze wiederholen, bis die gewünschte Größe erreicht ist. Fertige Teigblätter aufeinanderlegen. Hierbei ist es wichtig, daß man die Reihenfolge der Blätter ändert, indem man den Stapel immer wieder umdreht. Jeweils 1/3 der fertigen Blätter zu Vierteln zusammenfalten und flachliegend in einer Kunststofftüte aufheben, bis alle fertig sind.

7 Backofen auf 200° (Gas Stufe 3) vorheizen. Form mit Backpapier auslegen, mit Öl einfetten. Nacheinander von 3 Yufkablättern Stärke abpinseln, dann jedes Blatt mit Öl beträufeln, Blätter in die Form legen und Ränder überhängen lassen. 9 Blätter auf Formgröße schneiden, Stärke abpinseln, Blätter einölen und aufeinander in die Form schichten. Füllung darauf verteilen. Ränder nach innen klappen. 2 Blätter auf Formgröße schneiden, Stärke abpinseln und ohne Einölen auf die Füllung legen. Darauf 6 Blätter in Formgröße, Stärke entfernt und Blätter mit Öl beträufelt, aufeinanderschichten. Die 2 letzten Blätter abpinseln, einölen, auflegen und die Ränder mit einem Messerrücken am Formrand vorsichtig unterschieben. Baklava in etwa 4 cm breite Streifen, dann in Rauten schneiden, mit dem restlichen Öl beträufelt im Backofen auf der zweituntersten Schiene etwa 30 Min. backen.

8 Zucker mit 200 ml Wasser bei starker Hitze etwa 2 Min. offen kochen, Zitronensaft unterrühren. Baklava sofort nach dem Backen mit dem heißen, dünnflüssigen Zuckersirup gleichmäßig begießen. In der Form abkühlen lassen. Vor dem Servieren jedes Stück mit Nüssen bestreuen.

Variante: Statt mit Haselnüssen kann man Baklava auch mit grobgemahlenen Pistazien oder Walnüssen füllen.

Engelshaar-Dessert

Südostanatalien · Gelingt leicht

Künefe

Zutaten für 4 Portionen:
125 g Zucker
1 EL Zitronensaft
250 g Tel kadayıfı
(frische Engelshaar-Teigfäden)
60 g Butter + Butter für die Förmchen
100 g Dil peyniri
(ersatzweise Mozzarella)
2 EL gehackte Pistazien

Zubereitungszeit: 45 Min.
(+ 20 Min. Backen)

Pro Portion: 2300 kJ/550 kcal

1 Zuerst einen dünnflüssigen Sirup herstellen. Dazu Zucker mit 1/8 l Wasser in einem Topf zum Kochen bringen, Zitronensaft dazugießen und bei mittlerer Hitze etwa 10 Min. ohne Deckel kochen. Sirup abkühlen lassen.

2 Engelshaar-Teigfäden etwa 15 Min. zwischen zwei feuchte Küchentücher legen, damit sie geschmeidiger werden.

3 Backofen auf 200° (Gas Stufe 3) vorheizen. 4 Portionsförmchen von etwa 12 cm Durchmesser oder 4 ofenfeste Dessertteller mit Butter ausstreichen. Fadenteig in 8 gleich große Häufchen teilen. Jeweils 1 Portion in die Förmchen legen. Butter zerlassen und die Hälfte mit einem großen Pinsel auf die 4 Teigportionen tupfen. Käse würfeln und auf dem Teig verteilen. Mit dem übrigen Teig den Käse bedecken, andrücken und mit der restlichen Butter bepinseln.

4 Dessert im vorgeheizten Backofen (Mitte) etwa 20 Min. backen, bis der Teig sich bräunt. Das heiße Dessert mit dem kalten Sirup begießen, 1/2 Min. einziehen lassen, mit Pistazien bestreuen und heiß servieren.

Tip! Engelshaar-Teig gibt es frisch – dann ist er am besten – in Folie eingeschweißt, aber auch vorgebacken im Karton. Diesen vor Verwendung leicht mit Wasser einsprühen, mit einem feuchten Tuch bedecken und dann verarbeiten.

Hochzeitsreis

Mittelanatolien · Braucht etwas Zeit

Zerde

Zutaten für 4–6 Portionen:
125 g Milchreis
1 Tütchen Safranfäden oder gemahlener Safran (100 mg)
200 g Zucker
1 EL Speisestärke
50 g Pinienkerne
1 reifer roter Granatapfel
50 g weiche Rosinen
2 EL Rosenwasser

Zubereitungszeit: 1 Std. (+ 30 Min. Garen)

Bei 6 Portionen pro Portion: 1300 kJ/310 kcal

1 Reis in einem Sieb abspülen und abtropfen lassen. Safran in 3 EL heißem Wasser etwa 5 Min. einweichen. Reis mit 1 ¼ l Wasser und Zucker zum Kochen bringen. Nach dem Aufschäumen Reis zugedeckt bei schwacher Hitze etwa 25 Min. garen.

2 Safran mit dem Einweichwasser unterrühren. Speisestärke mit wenig kaltem Wasser glattrühren und nach der Garzeit mit dem Schneebesen unter den Reis mischen, aufkochen, bis eine dickliche Masse entstanden ist. Wird sie zu fest, nach Bedarf noch ⅛ l Wasser unterrühren und kurz aufkochen.

3 Reis in Desserschälchen füllen. Pinienkerne in der trockenen Pfanne etwa 3 Min. bei schwacher Hitze leicht anrösten und abkühlen lassen. Granatapfel rund um den Blütenansatz im Abstand von 3 cm mit einem scharfen Messer einritzen und die Schale wie einen Deckel abnehmen. Von oben nach unten rundherum vier Linien einritzen und die Frucht aufbrechen. Die süßen Kerne aus den bitteren Fruchtkammern lösen. Rosinen heiß waschen und trockentupfen. Jede Portion streifen- oder sternförmig mit Rosinen, Pinien- und Granatapfelkernen garnieren und mit etwas Rosenwasser beträufelt kalt servieren.

Info: Wie der Name schon sagt, reicht man diese Süßspeise traditionell an Hochzeiten.

Grieß-Halwa

Ganze Türkei · Etwas schwieriger

Irmik helvası

Zutaten für 6 Portionen:
175 g Butter
225 g Hartweizengrieß
100 g Mandelstifte
1 l Milch
300 g Zucker
1 TL Zimtpulver
3 EL geschälte Pistazien
3 EL Pinienkerne

Zubereitungszeit: 1 Std. (+ Abkühlen)

Pro Portion: 3400 kJ/810 kcal

1 Butter in einem Topf mit breitem Boden erhitzen, Grieß und Mandeln hineingeben und bei mittlerer Hitze unter ständigem Rühren 15–20 Min. rösten, bis sich die Masse goldgelb färbt. Topf von der Kochstelle nehmen.

2 Milch mit Zucker in einem zweiten Topf unter Rühren erhitzen und über die heiße Grieß-Mandel-Mischung gießen. Vorsicht, es spritzt! Topf erneut auf die Kochstelle setzen und den Grieß unter Rühren bei mittlerer Hitze 10–15 Min. köcheln lassen, bis er dick und fest ist.

3 Eine kleine Kastenform mit kaltem Wasser ausspülen und den Grießbrei hineingeben. Oberfläche mit einem in Wasser getauchten Löffel glattstreichen. Halwa etwa 1 Std. kalt stellen.

4 Grießspeise vorsichtig auf eine Platte stürzen. Mit Zimt dekorative Streifen oder ein anderes Muster aufstreuen. Pistazien grob hacken. Halwa mit Pistazien und Pinienkernen hübsch garnieren.

Info: Halwa gehört mit zu den ältesten Süßspeisen der Türkei, die in Scheiben aufgeschnitten serviert wird. Man bereitet die Süßspeise zu, wenn Besuch kommt oder auch an religiösen Feiertagen, wie z.B. zum Zucker- oder Beschneidungsfest.

Spritzkuchen

Braucht etwas Zeit · Gelingt leicht

Tulumba tatlısı

Zutaten für etwa 30 Stück:
Für den Sirup:
350 g Zucker
Saft von ½ Zitrone
Für den Teig:
70 g Hartweizengrieß
180 g Mehl
Salz · 1 EL Zucker
20 g Butter · 4 Eier
25 g Speisestärke
1 l Sonnenblumenöl zum Ausbacken
Zum Bestreuen:
2 EL feingehackte Pistazien

Zubereitungszeit: 1 ½ Std.

Pro Stück: 880 kJ/210 kcal

1 Zuerst einen dünnflüssigen Sirup herstellen. Dazu Zucker mit ½ l Wasser in einem Topf zum Kochen bringen, Zitronensaft dazugießen und bei mittlerer Hitze ohne Deckel etwa 10 Min. kochen. Sirup abkühlen lassen.

2 Inzwischen Grieß mit Mehl vermischen. ¼ l Wasser mit 1 Prise Salz, Zucker und Butter bei starker Hitze aufkochen. Hitze reduzieren. Grieß und Mehl auf einmal hineinschütten, dabei etwa 10 Min. ständig rühren, bis sich der Teig als dicker Kloß vom Topfboden löst.

3 Kloß in eine Schüssel geben. Eier und Speisestärke untermischen, bis ein glatter zäher Teig entstanden ist. Öl in der Friteuse oder in einem hohen Topf erhitzen, bis an einem hineingetauchten Holzstäbchen kleine Bläschen aufsteigen.

4 Einen Spritzbeutel mit großer gezackter Tülle mit Teig füllen. Über dem Fritiertopf jeweils Teigstreifen von 4–5 cm Länge aus dem Beutel herausdrücken, mit einer Küchenschere abschneiden und in das Öl fallen lassen. Vorsicht, es kann spritzen! Streifen portionsweise hellbraun ausbacken.

5 Spritzkuchen mit einem Schaumlöffel herausheben, kurz auf Küchenpapier entfetten und etwa 5 Min. in den Sirup tauchen, damit sie sich vollsaugen können. Tulumba mit Pistazien bestreut servieren. Frisch sind sie am besten.

Joghurtkuchen

Gelingt leicht · Geht schnell

Yoğurt tatlısı

Zutaten für 8–10 Portionen, für eine Kuchenform von 26 cm Ø:

500 g säuerlicher Vollmilchjoghurt
4 Eier
700 g Zucker
1 Vanilleschote
125 g Butter + Butter für die Form
1 Päckchen Backpulver (15 g)
500 g Hartweizengrieß
Paniermehl für die Form
Saft von 1 Zitrone
50 g Kokosraspel

Zubereitungszeit: 30 Min. (+ 45 Min. Backen + Abkühlen)

Bei 10 Portionen pro Portion: 2600 kJ/620 kcal

1 Joghurt in eine Schüssel geben. Eier und 200 g Zucker und das Mark der Vanilleschote hinzufügen. Butter in einem Pfännchen schmelzen, abkühlen lassen, zufügen und alles mit dem Schneebesen gründlich verrühren, bis sich der Zucker aufgelöst hat. Backofen auf 175° (Gas Stufe 2) vorheizen.

2 Backpulver unter den Grieß mischen, über die Zutaten in der Schüssel sieben und alles zu einem Teig verarbeiten. Form mit Butter einfetten und mit Paniermehl ausstreuen. Teig einfüllen und den Kuchen im Backofen (Mitte) etwa 45 Min. backen.

3 Inzwischen einen dünnflüssigen Sirup herstellen. Dazu 500 g Zucker mit 3/4 l Wasser in einem Topf zum Kochen bringen, Zitronensaft dazugießen und bei starker Hitze ohne Deckel etwa 5 Min. kochen. Sirup kalt stellen.

4 Kuchen etwa 1 Min. abkühlen lassen. In der Form auf eine größere Platte stellen und nach und nach mit dem ganzen Zuckersirup tränken (keine Angst, er wird nicht zu süß und schmeckt so vorzüglich). Kuchen richtig abkühlen lassen und in der Form in Quadrate schneiden. Diese auf eine Kuchenplatte legen, jedes Stück mit Kokosraspeln bestreuen und servieren.

Angebrannter Topfboden

Ganz Türkei · Etwas schwieriger

Kazandibi

Zutaten für 4 Portionen:
1 l Milch
150 g Zucker
160 g Reismehl
1 Vanilleschote
30 g Butter
40 g Puderzucker
1 EL Rosenwasser
2 TL Zimtpulver

Zubereitungszeit: 45 Min. (+ Abkühlen)

Pro Portion: 2300 kJ/550 kcal

1 Milch in einen Topf gießen. Zucker mit Reismehl und dem Mark der Vanilleschote mischen, dann in die Milch rühren. Leere Schote hinzufügen. Milch unter ständigem Rühren erhitzen und 2–3 Min. aufkochen lassen. Vanilleschote entfernen. Pudding kurz beiseite stellen.

2 Eine flache, unbeschichtete feuerfeste Form mit dickem Boden von 26 cm Durchmesser oder eine Pfanne mit Butter einfetten und gleichmäßig mit Puderzucker ausstreuen. Pudding hineingeben und glattstreichen. Große Herdplatte auf starke Hitze einschalten.

3 Form oder Pfanne auf die Kochstelle setzen, auf mittlere Hitze herunterschalten, etwa 10 Min. stehenlassen, bis es nach Karamel duftet. Form oder Pfanne zwischendurch drehen, damit der Pudding am Boden gleichmäßig bräunt. Pudding in der Form etwa 20 Min. abkühlen lassen.

4 Pudding mit einem Messer vierteln. Die abgerundeten Ränder so abschneiden, daß vier Quadrate entstehen. Diese vorsichtig mit dem Pfannenheber (besser mit einem Spatel) abheben und mit der braunen Seite nach oben auf je einen Dessertteller legen. Nach Belieben jedes Quadrat wie eine Rolle mit zwei nach unten eingeschlagenen Seiten formen. Rollen mit Rosenwasser beträufeln. Zimt in schrägen Streifen aufstreuen. Dessert kalt servieren.

Noahs Pudding

Aşure

Herbstgericht · Braucht etwas Zeit

Zutaten für 4–6 Portionen:
125 g Weizenkörner
100 g getrocknete weiße Bohnen
100 g getrocknete Kichererbsen
6 getrocknete Feigen
100 g getrocknete Aprikosen
100 g Korinthen · 100 g Rosinen
3 Orangen · 300 g Zucker
1 EL Speisestärke · 2 EL Rosenwasser
2 TL Zimtpulver · 1 Granatapfel
150 g grobgehackte Walnüsse

Zubereitungszeit: 2 Std.
(+ 12 Std. Einweichen
+ 5 Std. Garen)

Bei 6 Portionen pro Portion:
3200 kJ/760 kcal

1 Weizenkörner, weiße Bohnen und Kichererbsen in einem Sieb getrennt abbrausen und jeweils in reichlich kaltem Wasser über Nacht einweichen. Feigen und Aprikosen 4–5 Std. einweichen. Am nächsten Tag Weizen mit frischem Wasser bedeckt bei schwacher Hitze in 3–4 Std. weich kochen. Hülsenfrüchte in separaten Töpfen in etwa 40–50 Min. garen und abgießen. Feigen und Aprikosen abgießen und klein würfeln. Korinthen und Rosinen getrennt waschen und abtropfen lassen. Orangen schälen und in Stückchen schneiden.

2 Weizen, Hülsenfrüchte, Feigen, Aprikosen, Korinthen und Orangen mit 1 l Wasser und Zucker bei schwacher Hitze etwa 20 Min. kochen. Speisestärke mit etwas Wasser glattrühren, unter den Pudding mischen und erneut aufkochen

3 Die Süßspeise mit Rosenwasser und Zimt abschmecken, dann in Dessertschalen füllen. Vom Granatapfel Blütenansatz entfernen. Schale einritzen und in Hälften brechen. Kerne aus dem Fruchtkammern lösen. Abgekühlte Portionen mit Rosinen, Walnüssen und Granatapfelkernen garniert servieren.

Info: Noah soll diese Speise nach der Landung auf dem Berg Ararat in Ostanatolien erfunden haben. Als die Flut sank, holte er alle Vorratsreste und kochte diesen Pudding daraus.

Quitten in Sirup

Ayva tatlısı

Gut vorzubereiten · Gelingt leicht

Zutaten für 4 Portionen:
4 große reife Quitten
(sie müssen duften)
250 g Zucker
Saft von 1 Zitrone
4 Gewürznelken
1 Stückchen Zimtstange (5 cm)
100 g Kaymak oder Crème double
1 TL Zimtpulver zum Bestäuben

Zubereitungszeit: 30 Min.
(+ 1 Std. Backen)

Pro Portion: 1800 kJ/430 kcal

1 Quitten schälen, halbieren und die Kerngehäuse mit einem scharfkantigen Löffel herauslösen. Backofen auf 200° (Gas Stufe 3) vorheizen. ½ l Wasser mit Zucker in einem Topf verrühren und zum Kochen bringen. Zitronensaft, Gewürznelken und Zimtstange hineingeben, aufkochen lassen und die Quittenhälften dann bei mittlerer Hitze zugedeckt etwa 10 Min. vorgaren.

2 Quitten nebeneinander in eine runde Auflaufform mit hohem Rand legen, die Hälfte des Sirups darüber gießen und die Quitten im Backofen (Mitte) etwa 1 Std. garen, bis sie weich und rötlich sind. Zwischendurch die Quitten mit dem restlichen Sirup beträufeln. Form zudecken und kalt stellen.

3 Vor dem Servieren die Quittenhälften aus dem Saft nehmen, kurz abtropfen lassen und mit der offenen Seite nach oben auf Desserteller legen. In die Rundung des Kerngehäuses 1 TL Kaymak oder Crème double füllen. 2–3 EL Quittensirup angießen. Quitten mit Zimtpulver bestäuben.

Variante: Kürbis in Sirup (Balkabağı tatlısı)
Dafür 1,5 kg orangefarbenen Kürbis schälen, Kerne und Innenteile entfernen. Fleisch in Stücke schneiden, mit 500 g Zucker vermischt über Nacht Saft ziehen lassen und darin bei schwacher Hitze zugedeckt etwa 40 Min. köcheln lassen. Abgekühlte Stücke mit Saft beträufeln und mit gehackten Walnüssen bestreuen.

Bergamotte-Konfitüre

Antalya · Braucht etwas Zeit

Turunç reçeli

Zutaten für 4 Gläser je 250 g:
3–4 große unbehandelte Bergamotte-Früchte oder dickschalige Bitterorangen
Saft von ½ Zitrone
Nähnadel
weißer Zwirnfaden
1 kg Zucker
1 TL Zitronensalz (Limontuzu)

Zubereitungszeit: 2 Std. (+ insgesamt 2 Std. an mehreren Tagen)

Pro Glas: 5000 kJ/1200 kcal

1 Bergamotte-Früchte heiß waschen und abtrocknen. Mit einer feinen Küchenreibe die Schalen leicht abreiben. Vom Stielansatz bis zur gegenüberliegenden Seite mit einem Küchenmesser etwa 2 cm breite Streifen einritzen. Streifen vorsichtig abtrennen und in kaltes Wasser mit Zitronensaft legen. Eine Nähnadel mit einem langen Zwirnfaden vorbereiten. Die Streifen einzeln zusammenrollen, durchstechen, auffädeln und zu 2 Kränzen zusammenbinden. Kränze etwa 30 Min. in kaltes Wasser legen, dann das Wasser abgießen. Reichlich Wasser zum Kochen bringen, Kränze hineinlegen und etwa 30 Min. bei mittlerer Hitze kochen. In ein Sieb abgießen. Schalen 4 Tage in kaltes Wasser legen. Wasser täglich wechseln.

2 Röllchen von den Fäden streifen und in einen Topf geben. ¼ l Wasser mit Zucker dazugeben, verrühren und etwa 30 Min. stehenlassen, bis sich der Zucker aufgelöst hat. Alles etwa 1 Std. im geschlossenen Topf bei schwacher Hitze kochen, dann etwa 5 Min. vor Ende der Kochzeit Zitronensalz unterrühren. Bergamotte-Konfitüre im Topf abkühlen lassen, in Gläser füllen und verschließen.

Variante: Feigen-Konfitüre (Incir reçeli)
Dafür 1 kg Feigen waschen, abtrocknen, vierteln und mit 1 kg Zucker bedeckt über Nacht Saft ziehen lassen. Saft von 1 Zitrone unterrühren, alles etwa 1 Std. bei schwacher Hitze köcheln lassen. Heiß in Gläser füllen und verschließen.

Überall in der Türkei werden viele Sorten Reçel angeboten.

Reçel

Reçel ist nicht einfach eine Art Konfitüre, die man zum Frühstück auf frischem Brot genießt. Diese hausgemachte Spezialität bietet man gleichzeitig seinen Gästen als köstliche Süßigkeit an. Reçel wird hauptsächlich in den obstreichen Gebieten am Marmarameer, im Hinterland der ägäischen Küste und am Mittelmeer vom Frühjahr bis zum Herbst hergestellt. Und für das Einkochen der Früchte bringen die Frauen viel Zeit auf. Zuerst lassen sie die Früchte in Zucker Saft ziehen, dann nehmen sie die Früchte heraus, kochen aus dem süßen Saft einen Sirup und lassen dann das Obst darin kochen. Besonders beliebt sind Reçel aus Erdbeeren, Sauerkirschen, Pfirsich, Aprikosen, Pflaumen, Äpfeln und Quitten. Eine orientalische Note erhält Reçel, wenn es aus duftenden Rosenblättern, kleinen Feigen oder den Schalen der Bergamotte hergestellt wird. Diese Zitrusfrucht mit starkem Aroma verleiht auch dem Earl-Grey-Tee seine charakteristische Note.

Typische Menüzusammenstellungen

Auf ihre Küche sind die Türken besonders stolz. Sie lieben ihre traditionellen Gerichte, und das ist auch der Grund dafür, daß ihre Kochkultur von anderen Ländern kaum beeinflußt ist. Wie seit Generationen werden auch heute die Mahlzeiten zubereitet, und dafür nehmen sich die türkischen Hausfrauen viel Zeit. Der Tag beginnt mit dem Frühstück (Kahvaltı). Auf den Tisch kommt frisches Fladenbrot (Pide), längliches Weißbrot (Francola) oder Sesamkringel (Simit). Brot wird übrigens zu allen Mahlzeiten und Gerichten gereicht. Zum Frühstück ißt man Schafkäse, schwarze trockene Oliven, Tomatenachtel und Gurkenscheiben, auch hartgekochte Eier und Reçel, eine recht dünnflüssige Konfitüre. Vor allem in ländlichen Gegenden stärkt man sich am Morgen bereits mit einer Suppe. Zum Mittagessen (Öğle yemeği) wird etwas Einfaches gekocht oder ein Gericht vom Vortag serviert. Zum Abendessen (Akşam yemeği), der Hauptmahlzeit des Tages, stellt man immer mehrere kalte und warme Gerichte zusammen, wobei sich das Angebot nach der Jahreszeit richtet. Serviert werden alle Gerichte gleichzeitig oder zuerst alle kalten und dann die warmen. Eine feste Regel gibt es dafür nicht, zumal in den südlichen Ländern die Speisen selten richtig heiß, sondern eher warm gegessen werden. Zum Nachtisch gibt es immer frisches Obst, das gerade Saison hat, oder gekochte Früchte im eigenen Saft. Krönender Abschluß ist ein Täßchen Kahve, starker türkischer Kaffee, oder Çay, türkischer Tee in tulpenförmigen Gläsern.

Auf dem Land dient als Eßtisch häufig eine große runde Holzplatte, die kurz vor dem Servieren auf einen zusammenklappbaren niedrigen Untersatz gelegt wird. Darauf kommt ein großes Tischtuch. Die Familie sitzt auf Polstern im Schneidersitz um den praktischen, mobilen Tisch. Jeder nimmt sich einen Tischtuchzipfel oder breitet den Rand der Decke auf die Knie und benutzt sie als Serviette. Sich der Gastfreundschaft der Türken, einer Einladung zum Essen, zu entziehen, gelingt selbst unangemeldetem Besuch nur schwer. Ob in der Stadt oder auf dem Land, sie wird überall als etwas Selbstverständliches angesehen. Erscheint ein Gast außerhalb der Mahlzeiten, so wird ihm wenigstens Tee oder Kaffee und eine gerade vorrätige Süßspeise oder eine Süßigkeit angeboten.

Menüs für jeden Tag

Suppe der Braut Ezo 33
Grüne Bohnen in Olivenöl 79
Nudelteigpastete 62
Spinat mit Hackfleisch 107
Frisches Obst nach Jahreszeit

Joghurt-Kaltschale 40
Kichererbsenpüree 48
Weinblätter in Olivenöl 80
Hirtensalat 41
Spieße mit Frikadellen 117
Frisches Obst nach Jahreszeit

Rote Linsensuppe 30
Möhrensalat 42
Auberginensalat 46
(und einige Würfel Schafkäse)
Röstfleisch auf Hirtenart 119
Frisches Obst nach Jahreszeit

Okraschoten in Olivenöl 74
Imam bayıldı 85
Kräuter-Käsecreme 45
Klößchen in Zitronensauce 107
Frisches Obst nach Jahreszeit

Schnelle Menüs

Almsuppe 26
Hirtensalat 41
Teigröllchen 66
Fleischspießchen vom Grill 121
Frisches Obst nach Jahreszeit

Joghurt-Kaltschale 40
Zucchinipuffer 45
Gebratene Auberginen 51
Gegrillter Blaufisch 92
Frisches Obst nach Jahreszeit

Teigtaschen aus der Pfanne 71
(dazu Ayran)
Möhrensalat 42
Leber albanische Art 119
Frisches Obst nach Jahreszeit

Grüne Erbsensuppe 28
Kräuter-Käsecreme 45
Hirtensalat 41
Frauenschenkel-Frikadellen 120
Frisches Obst nach Jahreszeit

Menüs, die sich gut vorbereiten lassen

Hochzeitssuppe 28
Salat der Rosa Prinzessin 42
Meeräsche mit Olivenöl 95
Gefüllte Auberginen 108
Frisches Obst nach Jahreszeit

Rote Linsensuppe 30
Salat aus Bulgur 46
(dazu Schafkäse)
Auberginensalat 46
Gefüllte Paprikaschoten 110
Frisches Obst nach Jahreszeit

Bohnen mit Sesamsauce 51
Weinblätter in Olivenöl 80
Teigtäschchen 68
Hirtensalat 41
Quitten in Sirup 134

Vegetarische Menüs

Eier in Joghurt 37
Möhrensalat 42
Kichererbsenpüree 48
Nudelteigpastete 62
Frisches Obst nach Jahreszeit

Okraschoten in Olivenöl 74
Zucchinipuffer 45

Kräuter-Käsecreme 45
Wintergemüsetopf 83
Frisches Obst nach Jahreszeit

Menüs mit Fleisch
Hochzeitssuppe 28
Gefüllte Paprikaschoten 110
Hirtensalat 41
Lammkoteletts vom Grill 121
Frisches Obst nach Jahreszeit

Suppe der Braut Ezo 33
Pizza türkische Art 65
Möhrensalat 42
Klößchen mit Zitronensauce 107
Frisches Obst nach Jahreszeit

Tarhana-Suppe 34
Leber albanische Art 119
Grüne Bohnen in Olivenöl 79
Adana-Spieße 116
Frisches Obst nach Jahreszeit

Menüs mit Fisch
Meeräsche mit Olivenöl 95
Hirtensalat 41
Seebarsch im Päckchen 90
Möhrensalat 42
Frisches Obst nach Jahreszeit

Muscheln mit Walnußsauce 96
(oder gefüllte Muscheln 99)
Salat aus Bulgur 46
Zucchinipuffer 45
Rotbarben aus dem Ofen 95
Frisches Obst nach Jahreszeit

Jahreszeitenmenüs

Frühjahrsmenü:
Saubohnen in Olivenöl 82
Portulak in Joghurt 42
Teigröllchen 66
Bedecktes Lamm 113
Frisches Obst nach Jahreszeit, z.B.
Erdbeeren, Kirschen, Maltapflaumen

Sommermenü:
Joghurt-Kaltschale 40
Grüne Bohnen in Olivenöl 79
(dazu Schafkäse)
Sardinen in Weinblättern 88
Hirtensalat 41
Frisches Obst nach Jahreszeit, z.B.
Aprikosen, Wasser- und Zuckermelone

Herbstmenü:
Hochzeitssuppe 28
Lauch in Olivenöl 77
Weiße Bohnen mit Fleisch 104
Eingelegte Paprikaschoten 54
Frisches Obst nach Jahreszeit, z.B.
Granatäpfel, Pfirsiche, Pflaumen,
Tafeltrauben, Feigen, Birnen, Äpfel,
Zuckermelone

Wintermenü:
Rote Linsensuppe 30
Wachtelbohnen in Olivenöl 79
Hirtensalat 41
Frauenschenkel-Frikadellen 120
Kürbis in Sirup 134
(oder frisches Obst nach Jahreszeit, z.B.
Mandarinen, Bananen, Orangen, Äpfel)

Menüs für große Feste

Menü z.B. zum Zuckerfest:
Artischocken in Olivenöl 76
Gebratene Auberginen, Zucchini
und Möhren 51
Huhn auf Tscherkessenart 52
Teigröllchen 66
Garnelen im Tontöpfchen 96
Hirtensalat 41
Fleischspießchen und Lammkoteletts
vom Grill 121
Frisches Obst nach Jahreszeit
Grieß-Halwa 131

Menü z.B. zum Opferfest:
Imam bayıldı 85
Weinblätter in Olivenöl 80
Leber albanische Art 119
Hirtensalat 41
Bedecktes Lamm 113
Festtagsreis 58
Frisches Obst nach Jahreszeit
Joghurtkuchen 132

Menü für Gäste
Auberginensalat 46
(und einige Würfel Schafkäse)
Weinblätter in Olivenöl 80
Kräuter-Käsecreme 45
Schwertfischspieße 89
Hirtensalat 41
Ragout des Popen 114
Frisches Obst nach Jahreszeit
Spritzkuchen 131

Rakı-Tafel für eine Gästerunde (8–10 Personen)
Zu einer richtigen Rakı-Tafel gehört eine Vielzahl kalter und warmer Gerichte, mindestens 5 bis 6 sollten es schon sein. Begonnen wird mit den kalten Gerichten. Dazu trinkt man in der Regel Rakı, mit Eiswasser verdünnt, nach Geschmack aber auch Wein. Auftischen können Sie:

Schafkäsescheiben mit Tomaten- und Gurkenstücken, grünen und schwarzen Oliven
Auberginensalat 46
Kräuter-Käsecreme 45
Kichererbsenpüree 48
Salat der Rosa Prinzessin 42
Bulgurröllchen 60
Eingelegte Paprikaschoten 54
Huhn auf Tscherkessenart 52
Weinblätter in Olivenöl 80
Hirtensalat 41
Gefüllte Muscheln 99
Leber albanische Art 119
Teigröllchen 66
Garnelen im Tontöpfchen 96
Frisches Obst nach Jahreszeit

Glossar

Adaçayı: Kräutertee, der in der Regel mit Salbeiblättern oder auch mit Blütenständen des Andorn aufgebrüht wird. Man trinkt ihn sommers wie winters immer wieder zwischendurch.

Arabica: Coffea arabica var mocca, aus Arabien, der Heimat des Kaffees, stammende Kaffeesorte mit kleinen Bohnen und kräftig-würzigem Aroma, die für den türkischen Kaffee verwendet wird.

Ayran: Joghurtgetränk, bestehend aus zwei Dritteln gekühltem säuerlichem Joghurt und einem Drittel kaltem Wasser, mit 1 Prise Salz mit dem Schneebesen kurz vor dem Servieren aufgeschlagen.

Baklavacı: Bäcker von Baklava

Bergamotte: Bitterorangen für Reçel

Beyaz peynir: Schafkäse, wird in Blöcken, in Salzlake eingelegt, verkauft.

Beyaz şarap: Weißwein

Börek: Pastete aus Yufka, dünnen, vorgebackenen Teigplatten oder aus vorgekochten Nudelteigblättern.

Börekçi: Pastetenbäcker

Bonito: Palamut, delikater, etwa 80 cm großer Thunfisch aus wärmeren Meeren, zeigt auf der silbrigen Bauchseite vier bis sieben dunkle Streifen.

Bulgur: vorgegarter, geschroteter Weizen, von grob (Kalın bulgur) bis fein (Köftelik bulgur oder Simit bulgur) angeboten (S. 60).

Çay: türkischer schwarzer Tee, in zwei Kannen zubereitet. In der oberen, etwas kleineren Kanne befindet sich ein starker Aufguß aus Teeblättern mit Wasser, die untere große ist gefüllt mit siedendem Wasser. Aufguß nach Belieben in ein Teeglas gießen und mit dem siedenden Wasser auffüllen, bis die gewünschte Stärke erreicht ist.

Çemen: Gewürzpaste für Pastırma

Çorba: Suppe

Çorbacı: Suppenkoch

Çörekotu: Schwarzkümmel, auch Römischer Kümmel genannt. Kleine schwarze, harzig schmeckende Körnchen, Samen eines Hahnenfußgewächses, wird auf Fladenbrot und salziges Gebäck gestreut, schmeckt auch gut auf Schafkäse (S. 115).

Dil peyniri: wörtlich »Zungenkäse«, faseriger Käse, der auch für das Engelshaar-Dessert Künefe verwendet wird (S. 71).

Dolmalık biber: kleinere runde, hellgrüne und dünnschalige Paprikaschoten, die zum Füllen oder für eingelegtes Gemüse verwendet werden.

Döner kebap: Fleisch vom rotierenden Spieß aus aufeinandergeschichteten, dünnen, in Zwiebelsaft und Gewürzen marinierten Fleischscheiben und Hackfleischplatten mit Fettstückchen vom Fettschwanz der Schafe.

Elmaçayı: Apfeltee aus getrockneten und zerkleinerten Apfelschalen, aufgebrühter erfrischender Tee, der zu allen Tageszeiten getrunken wird. Er ist auch als Instantprodukt im Glas erhältlich.

Gärtnergurken: grüne, zarte und besonders knackige Gurken, Miniaturausgaben unserer Schlangengurken, die man in der Türkei in dieser Größe nicht anbaut.

Helvacı: Hersteller von Halwa, der in Blöcke gepreßten Sesamsüßigkeit.

Izgara: vom Grill

Kadayıfçı: Hersteller von Tel kadayıf.

Kahve: türkischer Kaffee, im kleinen Kännchen mit langem Stiel (Cezve) aufgekocht und serviert (S. 23).

Kahvaltı: Frühstück

Kandil-Kringel: Kandil simidi, kleine, mit Sesam bestreute Mürbeteigringe. Traditionsgebäck, zubereitet an besonderen religiösen Tagen.

Kaşar-Käse: Kaşar peyniri, halbfester Käse aus Kuh- oder Schafmilch oder aus beiden, meist in großen Laiben hergestellt. Je nach Alter schmeckt er mild, leicht salzig bis pikant, manchmal etwas beizend. Der beste Kaşar peyniri kommt aus dem Gebiet der Stadt Kars in Ostanatolien. Auch die Produkte aus den Regionen Afyon, Eskişehir und Edirne besitzen Qualität. Sehr junger Kaşar-Käse wird in türkischen Lebensmittelläden in kleinen Laiben oder Blöcken, in Folie eingeschweißt, angeboten. Ähnlichkeit mit diesem Käse besitzen der in den Balkanländern hergestellte Kaskaval und der griechische Kasseri.

Kaymak: abgeschöpfter Rahm von erhitzter Milch, durch Einkochen dick und fast schnittfest, wird als Dessert, zu frischen Erdbeeren oder mit Honig gegessen. Als Ersatz für Kaymak bieten sich Crème double oder Mascarpone an.

Kebap: gegrilltes, gebratenes oder gekochtes Fleisch, meist in kleinere oder größere Würfel geschnitten.

Kırmızı şarap: Rotwein

Kırmızı pulbiber: Paprikaflocken

Kornelkirschen: Kızılcık, olivförmige, etwa 2 cm lange, rötliche, feinsäuerliche Früchte von wildwachsenden Sträuchern. Reif werden die Früchte zu Marmelade oder Saft für Şerbet verarbeitet.

Kreuzkümmel: Kimyon, Doldengewächs, Verwandter des heimischen Kümmels, der nur in warmen Ländern wächst. Ein im Orient beliebtes Gewürz, in der türkischen Küche hauptsächlich verwendet für Hackfleischgerichte, Kichererbsenpüree und türkische Pizza.

Kuş üzümü: wörtlich »Vogelkorinthen«, winzige Korinthen, die für Reisfüllungen oder Reisgerichte verwendet werden.

Limontuzu: wörtlich »Zitronensalz«, körnige kristallförmige Zitronensäure, die in kleinen Tüten angeboten und beim Einlegen von Gemüse verwendet wird.

Lor peyniri: Ziegenkäse, S. 71

Löwenmilch: Arslan sütü, scherzhafte Bezeichnung für Rakı, der sich beim Mischen mit Wasser weißlich färbt.

Maltapflaume: Yenidünya, eine Mispelart mit pflaumengroßen, gelb-orangeroten, feinsäuerlichen, aromatischen Früchten (ital. Mespoli).

Minze, getrocknet: Nane, wichtiges Gewürz der türkischen Küche (S. 115).

Nane: Minze

Oklava: 1,50 m bis 2 m langes dünnes Rollholz zum Ausrollen der dünnen Teigplatten für Börek, Teigpasteten, und für die Süßspeise Baklava. Als Ersatz kann zur Not zum Ausrollen ein hölzerner, glatter Besenstil verwendet werden.

Otlu peynir: mit wildwachsenden Kräutern, wildem Knoblauch und Salz gewürzter krümeliger Frischkäse. Diese Spezialität gibt es im Bereich des Van-Sees in Ostanatolien.

Palamut: Bonito

Paprikaflocken: Kırmızı pulbiber, geschroteter, roter mittelscharfer Paprika, der wie kleine Plättchen aussieht, zum Würzen von gegrilltem Fleisch und für türkische Pizza (S. 115).

Paprikapüree: Biber salçası, stark eingedicktes, meist scharfes Püree aus roten Paprikaschoten, als Fertigprodukt erhältlich. Als Ersatz kann auch Sambal ulek, die scharfe indonesische Würzpaste, verwendet werden.

Pastırma: in eine Gewürzpaste (Çemen) gehülltes, luftgetrocknetes Fleisch, wird dünn aufgeschnitten gegessen oder für gebratene Eier verwendet, aber auch im Hülsenfrüchteeintopf mitgekocht, Spezialität aus der Stadt Kayseri in Mittelanatolien (S. 105).

Pekmez: sirupartig eingekochter Trauben- oder Apfelsaft, schmeckt besonders gut mit Tahin vermischt zu Fladenbrot.

Peperoni: Ac biber, lange dünne, dunkelgrüne oder rote scharfe Paprikaschoten.

Pilav: Reisgericht

Pirinç: ungekochter Reis

Pinienkerne: Çamfıstığı, Samen aus Pinienzapfen, die für Reisfüllungen und Süßspeisen verwendet werden.

Pulbiber: Paprikaflocken

Rakı: aus Weingeist mit Anissamen hergestellter Schnaps.

Reçel: in Zuckersirup eingekochte Früchte, Gemüse, Rosenblätter oder Bergamotte-Schalen, eine Art Konfitüre (S. 136).

Rosenwasser: Gül suyu, aus Rosenblättern gewonnene Essenz zum Aromatisieren von Gebäck, Spezialität aus dem Gebiet von Isparta in Mittelanatolien. Erhältlich in türkischen oder griechischen Lebensmittelläden, in der Apotheke oder in Konfiserien mit eigener Produktion.

Rotwein: Kırmızı şarap

Saç: rundes, leicht gewölbtes Eisenblech zum Backen von Saç ekmeği, dünnen großen Fladenbrotplatten, oder Yufka, Teigblättern für Pasteten, auf der nach oben gewölbten Seite; umgedreht wird die vertiefte Seite als Pfanne für Saç kavurması, Röstfleisch, verwendet.

Saç ekmeği: auf dem Saç, dem gewölbten Blech in den Dörfern gebackene, dünne, große Fladenbrotplatten.

Salamura yaprak: Weinblätter

Salep: typisches Wintergetränk aus heißer Milch, Zucker und Knabenkrautpulver (Salep), leicht dickflüssig, mit Zimtpulver bestreut.

Şarap: Wein

Sarımsaklı: mit Knoblauch gewürzt

Schwarzkümmel: Çörekotu

Semizotu: Portulak, wird roh oder gedünstet zubereitet.

Şerbet: gekühlter hausgemachter Saft aus Früchten oder Beeren, als Erfrischung zu besonderen Anlässen serviert, z.B. nach der Geburt eines Kindes.

Sesam: fettreiches Korn einer krautartigen Pflanze, die durch Rösten einen nußähnlichen Geschmack erhält (S. 49).

Spitzpaprikaschoten: größer als Peperoni, lang und spitz, meist mild, hellgrün, sich mit zunehmender Reife rot färbend, roh für Salat, sonst gegrillt, gebraten und mitgekocht.

Sucuk: halbfeste, getrocknete Knoblauchwurst aus Rind- oder Lammfleisch oder aus beiden, zum Braten oder Mitkochen im Hülsenfrüchteeintopf.

Sumak: rötlich-violettes, säuerliches Pulver aus der Frucht eines wildwachsenden Busches (lat. Rhus coriaceae), vor allem zum Würzen von Salat (S. 115).

Tahin: Sesampaste aus geschälten, gerösteten und gemahlenen Sesamkörnern, vor allem für Sauce und Kichererbsenpüree, im Glas erhältlich. Sesamöl, das sich absetzt, unterrühren (S. 49).

Tarhana: meist selbstgemachtes Suppenmehl aus Bulgur, Joghurt, Salz, manchmal auch mit Tomaten und Zwiebeln oder anderen würzenden Beigaben angereichert (S. 34).

Tel kadayıf: fadennudeldünner, getrockneter Teig für Süßspeisen, z.B. für das Engelshaar-Dessert Künefe.

Tulum peyniri: krümeliger weißer, salziger Käse aus Schaf- oder Ziegenmilch, typisches Produkt der Yayla, preßt sich im Tulum, im Sack aus Ziegenhaut (heute auch im Kunststoffsack), durch sein Eigengewicht (S. 71).

Turşu: milchsauer eingelegte Gemüse oder Früchte, auch als Fertigprodukt im Glas oder im Kunststoffbeutel eingeschweißt erhältlich (S. 55).

Weinblätter, eingelegt: Salamura yaprak, in Salzlake eingelegte Weinblätter, die zum Füllen verwendet werden.

Weißwein: Beyaz şarap

Yayla: Sommerweide, Alm im Gebirge, auch Sommersiedlung (S. 27).

Yoğurt: Joghurt, von den Turkvölkern stammendes, durch bestimmte Bakterienkulturen gesäuertes Milchprodukt, das in der Küche der Türkei und Mittelasiens vielseitig verwendet wird. Auf dem Land stellen Frauen Joghurt meist selbst her. In 1 l abgekochte, etwa 25° warme Milch als Starter 1–2 gehäufte EL Joghurt einrühren. Das Gefäß mit Tüchern rundum bedeckt etwa 12 Stunden an einem warmen Platz stehenlassen, bis die Milch dick ist.

Yufka: papierdünn ausgerollte, große runde Teigblätter für Pasteten (Börek), aus der Form, mit Käse, Hackfleisch oder Spinat gefüllt. In der Pfanne gebraten wird Sigara böreği, wörtlich »Zigarettenbörek«, dünne Teigröllchen (S. 67).

Zeytin: Oliven

Zeytinyağı: Olivenöl

Zeytinyağlı: mit Olivenöl gegart

Abkürzungen:

TL	=	Teelöffel
EL	=	Eßlöffel
Msp.	=	Messerspitze
kJ	=	Kilojoule
kcal	=	Kilokalorie